MARCO POLO

Reisen mit Insider Tipps

INDIEN

DER SÜDEN

MARCO POLO Autorin
Dagmar Gehm

Nirgendwo sind die Farben leuchtender, die Gerüche intensiver, ist die Sinnlichkeit spürbarer als in Südindien, meint die Hamburger Journalistin. Sie hat den Subkontinent so häufig bereist, dass sie tiefe Einblicke gewinnen konnte in Politik, Kultur, Spiritualität und die oft krassen Gegensätze. Doch um das Mysterium Indiens ganz zu enträtseln, ahnt die Autorin, bedarf es wohl vieler Wiedergeburten.

www.marcopolo.de/indien-sued

← UMSCHLAG VORN:
DIE WICHTIGSTEN HIGHLIGHTS

Die besten Insider-Tipps → S. 4

Best of ... → S. 6

Goa → S. 32

Kerala → S. 46

SYMBOLE

- INSIDER TIPP: Insider-Tipp
- ★ Highlight
- ●●●● Best of ...
- Schöne Aussicht
- Grün & fair: für ökologische oder faire Aspekte
- (*) kostenpflichtige Telefonnummer

PREISKATEGORIEN HOTELS

€€€	über 80 Euro
€€	40–80 Euro
€	unter 40 Euro

Die Preise gelten pro Nacht für ein Doppelzimmer mit Frühstück

PREISKATEGORIEN RESTAURANTS

€€€	über 14 Euro
€€	7–14 Euro
€	unter 7 Euro

Die Preise gelten für eine Hauptmahlzeit ohne Getränke

ENTDECKEN SIE SÜDINDIEN!

Südindien geht unter die Haut. Die Luft ist samtweich und voller Versprechungen. Wer sich darauf einlässt, wird auch von sich selbst viel erfahren. Eine Reise durch das Zauberland der Sinne ist wie ein Trip ins eigene Innere. Leicht lässt eine Tempelzeremonie das Gefühl für Raum und Zeit vergessen. Wenn die Fischer noch heute mit archaischen Katamaranen in die Arabische See stechen, vollzieht sich auch bei uns ein Zeitsprung. Bei ayurvedischen Ölmassagen gerät man scheinbar in den Zustand der Schwerelosigkeit, allerorts ersetzt ein trägerer Rhythmus Hektik und Stress. Und dann dieses Lächeln, das an den Augen nicht haltmacht. Das sich überträgt, bis man es schließlich selber nicht mehr ablegen kann.

Landet das Flugzeug in Chennai (Madras), in Panaji, in Bengaluru (Bangalore) oder Thiruvananthapuram (Trivandrum), werden die Ankömmlinge von der Fülle exotischer Impressionen fast erschlagen. Schwer liegt der Duft von Kokos über den Palmenhainen in Kerala, vermischt sich mit dem opiumsüßen Parfum weißer Frangipani-Blüten. Starke Nerven erfordert der dichte Stadtverkehr mit seinem ewigen Hupkonzert.

Bild: Fischfang in den Backwaters von Kerala

Scheinbare Widersprüche sind für Einheimische eine Selbstverständlichkeit. Selbst im entferntesten Provinznest finden Sie an jeder Ecke einen Telefonladen mit ISDN und mindestens ein Internetcafé. Und eine Lady im traditionellen Sari mit Handy am Ohr ist ein gewohnter Anblick in den Straßen. Wer mit dem Luxuszug *Golden Chariot* in Mysore einrollt, sieht sich mit den Ärmsten der Armen konfrontiert, die auf dem Bahnsteig kampieren. Nur wir als Touristen drehen uns betroffen

Die Europäer rissen sich die Gebiete aus den Händen

nach ihnen um. Auf der anderen Seite ist die Anzahl dienstbarer Geister, die dem Gast jeden Wunsch von den Augen ablesen, für europäische Maßstäbe unfassbar. Südindien ist anstrengend, weil es auf ungewohnte Weise alle Sinne reizt. Die Erholung setzt erst dann ein, wenn man beginnt loszulassen und sich zu öffnen für einen Rausch, der für alle Zeiten nachwirkt.

Im Lauf der Jahrhunderte rissen sich die Eroberer aus dem alten Europa die besetzten Gebiete gegenseitig aus den Händen. Holländer, Portugiesen, Engländer ... Kein Wunder, lieferten doch die fruchtbaren Bodenstriche genügend Früchte, Gewürze und Mineralien, um schwunghaften Handel damit zu betreiben. Alle großen Weltreligionen haben hier Fuß gefasst – Hinduismus, Buddhismus, Christentum, Islam, Parsismus und in geringem Umfang auch das Judentum. Dank üppiger Ernten und fischreicher Gewässer herrscht im Süden Indiens wesentlich weniger Armut als im kargeren Norden. Der Bildungsstand ist höher, Kerala kennt praktisch keine Analphabeten. Spannend ist der

268–233 v. Chr.
König Ashoka regiert das erste gesamtindische Reich

550–1190 n. Chr.
Beginn des Indischen Mittelalters mit dem Aufstieg Südindiens

1498
Seefahrer und Entdecker Vasco da Gama landet bei Calicut im heutigen Kerala und läutet damit die Kolonialzeit ein

1746
Franzosen erobern Madras

Ab 1756
Die British East India Company unterwirft von Kalkutta, Madras und Bombay aus weite Teile Indiens

Portugiesische Hinterlassenschaft: Schneeweiße barocke Kirchen prägen Goas Städte

Mix der Kulturen. Während Jungmanager in Bangalore ihre Software entwickeln, hält rund 250 km entfernt in den Niligiri Mountains der Toda-Stamm noch an seinen seit Jahrtausenden überlieferten Traditionen fest. Wie ein Magnet ziehen Sadhus, Gurus und Yogis Sinnsuchende aus aller Welt an. In vielen Aschrams folgen die Pilger den Lehren und Visionen ihrer Meister. Auroville bei Pondicherry wurde 1968 von „Mutter" Mira Alfassa, Gefährtin des Philosophen Sri Aurobindo, gegründet. Heute beherbergt die spirituelle Modellkommune rund 1800 Menschen aus über 30 Nationen.

Waren es früher meist nur reine Strandurlauber oder Studienreisende, die nach Südindien kamen, so vermischen sich jetzt die Interessen. Kaum jemand, der zum Baden nach Goa oder Kerala reist, wird zurückfliegen, ohne zumindest einen Gang durch

1858 Übernahme Indiens durch die Englische Krone und Einsetzung eines Vizekönigs

1877 Die britische Königin Victoria wird zur Kaiserin von Indien

1885 Gründung des Nationalkongresses

1920 Mahatma Gandhi ruft zum gewaltlosen Umsturz der britischen Besatzungsmacht auf

1947 Indien erlangt die Unabhängigkeit. Jawaharlal Nehru wird erster Premierminister

das historische Alt-Goa gemacht oder den prächtigen Padmanabha-Swamy-Tempel in Keralas Hauptstadt Trivandrum gesehen zu haben. Wer an der lebendigen Geschichte und Architektur heiliger Stätten und Paläste interessiert ist, wird überwältigt sein von den Meerestempeln Mamallapurams, von der sagenhaften Tempelanlage von Hampi, dem Märchenpalast der Maharajas von Mysore oder dem prächtigen Meenakshi-Heiligtum von Madurai.

Zwischen Spannung und Entspannung haben die Götter ihre Wellnesstempel gesetzt. Fast jedes noch so kleine Hotel hat zumindest eine Massagebank oder ein paar Zaubertinkturen, um müde Füße und erschöpfte Geister zu beleben. Wirksamer auf lange Sicht sind Ayurveda-Kuren mit speziellen Diäten, die – hält man sich streng an die Vorschriften – wahre Wunder vollbringen. Eine wachsende Zahl von Aktivurlaubern und Ökotouristen findet in den großen Nationalparks auf der „Jagd" nach Elefanten und Leoparden bei Fotosafaris ihr Glück: in Wildreservaten wie Periyar in Kerala, Molem und Bhagvan Mahavir, das sich grenzübergreifend über Goa, Karnataka, Kerala und Tamil Nadu in den Western Ghats erstreckt, in Bandipur, Nagarhole und Kabini in Karnataka. Trekkingtouren erschließen die verwunschene Welt der Dschungel und Regenwälder. Einzigartig ist auch das dichte Netz aus fast 2000 km Wasserstraßen, Seen und Lagunen in Kerala. Über tausend Hausboote warten in Alappuzha auf Touristen, um sie durch die einstigen Hauptverkehrsadern zu steuern.

Alle großen Weltreligionen haben hier Fuß gefasst

Und alle Besucher erliegen der großen Versuchung namens Shopping. Fast jeder Urlauber fliegt mit der doppelten Ladung an Gepäck zurück. Tee frisch aus der Fabrik, Gewürze von bunten Märkten, dekorative Götterstatuen aus Messing oder Sandelholz, Seidenblusen, exotisch bedruckte Baumwollstoffe, Paschmina-Schals, echter Gold- und Silberschmuck und glitzernder Talmi. Die Baumwoll- und Seidenstoffe aus Chennai (Madras) und dem nicht weit entfernten Kanchipuram gehören zu den schönsten und qualitativ besten Stoffen in ganz Indien. Chennai ist auch das Zentrum der Lederindustrie. Da die meisten Produkte in westliche Länder exportiert werden, ist in den Geschäften auch die neueste Mode zu finden, zu Preisen, die weit unter denen im Ausland liegen. Als Einkaufsparadies ist Indien einfach nicht zu toppen!

1950 Verabschiedung der indischen Verfassung

1956 Die einstigen Fürstenstaaten Cochin, Malabar und Travancore schließen sich zum Bundesstaat Kerala zusammen

1961 Ende der portugiesischen Kolonialherrschaft in Goa

1973 Zusammenlegung von Coorg und den Staaten Bombay, Madras und Hyderabad zum heutigen Karnataka

2004 Dr. Manmohan Singh ist Sikh und wird als erster

Red hot chili peppers: Ohne sie geht gar nichts in der scharfen südindischen Küche

Wie und wo auch immer man seine eigenen Schwerpunkte setzen mag – facettenreich sind Goa und Karnataka, Kerala und Tamil Nadu auf jeden Fall, und das rund ums Jahr. Zwar gilt etwa in Goa als Hauptsaison der Beginn der Trockenzeit im Oktober, die bis Mai/Juni dauert. Doch wer den Kinohit „Monsoon Wedding" gesehen hat, weiß, wie romantisch ein warmer Tropenregen sein kann. Viele Strandhotels bieten spezielle Monsunpauschalen an. Ohnehin schüttet es fast nie den ganzen Tag, heftige Güsse wechseln sich mit Sonnenstunden ab. Wer Südindien mal fast ohne ausländische Touristen erleben, mehr von den Einheimischen erfahren will, wer die morbide, leicht melancholische Stimmung spüren möchte, sollte während des Monsuns kommen. Aber das ist Indien für Fortgeschrittene!

Jeder Besucher erliegt der großen Versuchung Shopping

Nicht-Hindu zum Premierminister gewählt

2010
Die ausufernde Korruption wird zum beherrschenden innenpolitischen Thema

2011
1,21 Mrd. Menschen leben in Indien, 181 Mio. mehr als bei der letzten Volkszählung 2001

2012
Ex-Finanzminister Pranab Mukherjee wird 13. Präsident Indiens. Als Staatsoberhaupt löst er Pratibha Devisingh Patil ab und gilt als Steigbügelhalter für Sonia Gandhi (Schwiegertochter von Indira Gandhi), Vorsitzende der United Progressive Alliance

IM TREND

1 Aufdrehen

Musik Wenn sich lange Schlangen vor einer Musiklocation wie dem *Unwind Café (8, Manikesh Wari Rd., Kilpauk, Chennai)* bilden, ist wahrscheinlich eine Indieband zu Gast. Indiens Herz schlägt zu rockigen, funkigen Beats, wie denen von Chennais *Junkyard Groove (www.facebook.com/junkyardgroove, Foto)* oder der Metalband *Dhwesha (www.reverbnation.com/dhwesha)*, die in der Regionalsprache Kannada singen. In Bengaluru ist der Buch- und Recordstore *Landmark* eine weitere Anlaufstelle für Indie-Konzerte *(im Forum, 21, Hosur Rd.)*.

2 Quer-Stadt-Ein

Parkour Bollywoodstar Akshay Kumar *(www.akshaykumar.org)* hat Parkour zum Trend im Land gemacht. Seitdem der Schauspieler im Film Hindernisse akrobatisch überwunden hat, erfreuen sich die Kurse von Ashwin Mohan großer Beliebtheit *(3, Curley Street, Bengaluru, Foto)* und die Parkourgruppe *Chennai Ninjas (www.chennaiparkour.com)* zählt neue Mitglieder. Das richtige Outfit gibt es bei *Sports'n'Style (11, Uttaradi Mutt Rd., Bengaluru)*.

3 Gemeinschaftlich

Kunst Kein Wunder, dass sich Künstler in der Internetstadt Bengaluru an den Ideen der Massen bedienen. So wie Meenu Jaipura, die ihre Workshop-Teilnehmer in den Schaffensprozess einbindet *(in der Mahua Art Gallery, 161, Rajmahal Vilas)*. Auch Lalitha Shankar *(www.lalithashankar.com)* nutzt die Gedanken und Einfälle ihrer Kunden für ihre Installationen. Sehen kann man die so entstandenen Ergebnisse unter anderem in den *Sumukha*-Galeriefilialen in Bengaluru und Chennai *(187, St. Mary's Rd., Alwarpet, Foto)*.

In Indiens Süden gibt es viel Neues zu entdecken. Das Spannendste auf dieser Seite

Cityfarmer

4

Grüne Daumen Nicht nur Bengalurus Botanischer Garten ist einen Besuch wert. Auf Nachfrage öffnen auch Privatpersonen Tür und Tor zu ihren Dachgärten. Denn Urban Gardening ist der Trend in den Großstädten Indiens. Nicht nur Blogger und Internetseiten wie *www.theyoungfarmer.com* befassen sich mit Themen wie Samenauswahl und Dünger, auch Kurse – oder Schulunterricht zum Thema *(Foto)* – werden angeboten. Wie die eintägigen Workshops von Buchautor Dr. B. N. Viswanath und seinen *Garden City Farmers (Anmeldung unter Tel. 94486 295 28)* in Bengaluru. Dabei sollen nicht nur hübsche Blumenbeete entstehen. Ziel ist es, sich künftig selbst zu versorgen und ein Zeichen gegen die Umweltverschmutzung setzen. Spaziergänge zu Pflanzenthemen gibt es auch in Chennai *(madraswanderer.blogspot.de)*.

Schmucke Tradition

5

East meets West Indiens Frauen sind bekannt für ihren kunstvollen Schmuck, bei dem jeder Stein und jede Form eine Bedeutung hat. Das haben auch die aktuellen Schmuckdesigner nicht vergessen – aber für sie steht die Mode im Mittelpunkt. Sie fertigen Chandelierohrhänger, Ketten und Armreife, wie sie in New York oder London für verdrehte Köpfe sorgen würden. Trotzdem haben die Arbeiten noch den typischen Look des Subkontinents. Gute Anlaufstellen sind *Gehna (2, Casa Major Rd., Egmore)* und *Amrapali (bei Amethyst 2/11, Kasturi Estate, 3rd Street)* in Chennai oder das Traditionshaus *Ganjam (148, Embassy Square, Infantry Rd., Bengaluru)* sowie eine der Filialen von *Anmol (www.anmoljewellers.in, Foto)*.

STICHWORTE

BEVÖLKERUNG UND POLITIK

Bei der letzten Volkszählung 2011 wurden in Indien 1,21 Mrd. Menschen ermittelt. Die Einwohnerzahl stieg seit 2001 um 181 Mio. Damit ist Indien die bevölkerungsreichste parlamentarische Demokratie der Welt. Das riesige Land besteht aus 28 Bundesstaaten und sieben Unionsterritorien, im Süden etwa die Andaman- und Nicobar-Inseln sowie Lakshadweep. Die Hauptstadt ist Neu-Delhi. Ein Unionsterritorium untersteht – im Gegensatz zu den Bundesstaaten mit jeweils eigener, örtlicher Regierung – direkt der Zentralregierung in Neu-Delhi. Um die letzten Spuren der Kolonialisierung zu tilgen, bekommen seit Mitte der 1990er-Jahre viele Städte einen jeweils landessprachlichen Namen. Manche Bezeichnungen wie Chennai – das frühere Madras – lassen gar nicht mehr auf den ursprünglichen Namen schließen; andere wie Udhagamandalam für Ooty oder Thiruvananthapuram für Trivandrum sind so sperrig, dass selbst die Bewohner noch die alten Namen benutzen. Seit 2004 bildet die Kongresspartei gemeinsam mit elf anderen Parteien die Koalition der United Progressive Alliance (UPA), die Indien regiert. Premierminister ist Dr. Manmohan Singh, Staatsoberhaupt der Anwalt und ehemalige Finanzminister Pranab Mukherjee.

FILMINDUSTRIE

Bollywood in Mumbai (Bombay) ist bekannt. Dass es auch ein Kolly-

Bild: Fischerboote am Strand vor der Moschee in Kovalam

Zwischen Konto und Karma: Scharfe Kontraste prägen den Süden der bevölkerungsreichsten Demokratie der Welt

wood gibt, weniger. Es liegt in Chennai (Madras) in Tamil Nadu und produziert schon seit 1916 hauptsächlich Filme in tamilischer Sprache. Seinen Namen bekam es in Anlehnung an die Hindi-Filmindustrie Mumbais und an das Viertel in Chennai – Kodanbakkan –, in dem die Studios stehen. Die Hauptakzente der Kollywood-Filme liegen allerdings mehr auf Kampfelementen und weniger auf verspielten Liebesszenen, weshalb auch in Japan großes Interesse daran besteht. Zu den erfolgreichsten Schauspielern des tamilischen Films gehörte auch der spätere Ministerpräsident Tamil Nadus, Marudur Gopalamenon Ramachandran. Und der jetzige Ministerpräsident des Bundesstaats, Dr. Kalaignar Karunanidhi, hat früher Filmscripts geschrieben.

FRAUEN

Es ist ein ziemlicher Spagat für indische Frauen, sich zwischen Trend und Tradition zu bewegen. In den Städten Südindiens ist mittlerweile nahezu jede junge Frau berufstätig. Dank ihrer finanziellen Unabhängigkeit besitzen diese Frauen ein viel größeres Selbstbewusstsein als noch vor wenigen Jahrzehnten. In den ländlichen Gegenden sieht es jedoch ganz anders aus. Hier haben Mädchen weitaus weniger Bildungschancen. Zwar garantiert ihnen die Verfassung die gleichen Rechte wie den Männern, doch im Alltag ist das kaum zu spüren. In der ländlichen Gesellschaft ist die Frau dem Mann

Gleichberechtigt? Nicht auf dem Land!

noch weitgehend untergeordnet. Außer in Goa, wo sich junge Frauen ihren Ehepartner frei wählen dürfen, sind es meist noch die Eltern, die einen passenden Mann für ihre Tochter aussuchen. In der Politik dagegen hat es bereits seit Indira Gandhi, die von 1966 bis 1977 und von 1980 bis 1984 Ministerpräsidentin Indiens war, Veränderungen gegeben. Seitdem wurden auch weitere wichtige politische Ämter mit Frauen besetzt. So war von 2007 bis 2012 Prathiba Devisingh Patil als Präsidentin indisches Staatsoberhaupt.

KASTENSYSTEM

Das Kastensystem wurde schon um 1200 v. Chr. in den heiligen Schriften *(veda)* erwähnt. Offiziell ist es zwar seit Inkrafttreten der neuen Verfassung 1950 abgeschafft, in den Köpfen vieler Inder geistert es aber immer noch herum. Für viele ist es nach wie vor undenkbar, zwischen einer niedrigeren und einer höheren Kaste zu heiraten. Noch heute lässt sich der soziale Hintergrund eines Menschen aus seinem Familiennamen ableiten, der Aufschluss über die einstigen Stände gibt. Das Kastenwesen unterscheidet zwischen vier Hauptkasten *(varnas),* die sich wiederum in viele Untergruppen, die *jatis,* teilen. Die höchste *varna* bilden die Brahmanen, traditionell die geistige Elite, etwa Priester und Ausleger der heiligen Schrift. Die zweithöchste Kaste umfasst die *kshatryas,* zu denen Krieger, Fürsten und höhere Beamte zählten. Die *vaishas* waren Kaufleute und Landwirte. Zu den *shudras* gehörten Arbeiter, Pachtbauern und Sklaven. Eine Sonderkaste bildeten die *parias* oder *dalits* – die Unberührbaren. Ihnen wurde z. B. der Zutritt zum Tempel verwehrt, auch durften sie ihren Schatten nicht auf das Essen des Zugehörigen einer höheren Kaste werfen.

MODE

Asia-Look ist angesagt. Eine üppige Anzahl von glitzernden Armreifen – *bangles* – ziert das Handgelenk, Taschen mit dem Konterfei indischer Götter, bunte, perlenbesetzte Pantoffeln und bestickte Tunikas sind Must-haves für modebewusste Ladys. Auf Goa-Partys werden sogar die phantasievollen Tanzkostüme aus den Bollywood-Filmen getragen. Längst haben auch indische Modedesigner Einzug in die europäische Labelriege gehalten. Sabyasachi Mukherjee, der unter dem Label *Sabyasachi* designt, zeigt seine Mode auf der New York Fashion Week und wird von Sotheby's als Top Fashion Designer gefördert. Aber auch preiswerte Hippieklamotten erfreuen sich großer Beliebtheit. In den Badeorten Kovalam und Varkala, auf dem Flohmarkt von Anjuna und auf Ingo's Nightmarket zwischen Baga und Anjuna in Goa flattern vielfarbige Baumwoll- und Seidenröcke im Wind, oder weite, oft gewickelte Hosen, die wahnsinnig praktisch sind auf Reisen. Dazu Kaschmirpullover aus Nepal und bunte Strickjacken aus Tibet. Noch ein Tipp für Touristinnen, die im Indienurlaub gern mal Sari tragen würden: Lassen Sie sich unbedingt von einer Inderin „wickeln", weil die Falten sonst nicht richtig sitzen und das Rückendreieck zu kurz gerät. Und das wirkt genauso lächerlich, als ob eine Asiatin in Bayern das Dirndl verkehrt herum trägt. Praktischer, aber genauso exotisch ist ein *Salwar Kameez* – enge Hosen mit passender knielanger Tunika.

MUSIK

Basis der klassischen indischen Musik sind die *Ragas*. Ein Raga ist so etwas wie eine melodische Grundstruktur. Das Sanskritwort bedeutet übersetzt: Gefühl, Stimmung. So ruft jeder Raga durch seine bestimmte Melodie und verschiedene Tonnuancen eine andere Stimmung hervor. Ähnlich wie beim Jazz hat der Musiker dabei viel Raum für Improvisation. Als Hauptinstrument dient oft die vielseitige *Sitar,* der Rhythmus wird bestimmt durch das Trommelpaar *Tabla.* Während die klassische Musik für westliche Ohren oft schwer zu verstehen ist, sind Songs und Tanzmusik aus Bollywood-Filmen zur Zeit sehr angesagt. Ganz wesentlich wird die indische Popmusik durch die Musikrichtung *Bhangra* beeinflusst, die ursprünglich aus dem Punjab stammt. Bhangra ist in vielen Soundtracks der Bollywood-Filme zu hören. So hat *Panjabi MC* mit dem Song *Mundian To Bach Ke* sogar die europäischen Charts erobert und es bis auf Platz zwei der deutschen Hitparade geschafft. Gemixt mit House und Reggae, hielt der Bhangra-Sound Einzug in die Clubs Südasiens.

SCHÖNHEIT

Der Besuch eines indischen Beauty Parlors, eines Schönheitssalons, ist ein wunderbares Erlebnis. Auch wenn die Hygiene in Parlors außerhalb guter Hotels nach europäischen Maßstäben oft zu wünschen übrig lässt, sind die traditionellen Anwendungen unübertroffen. Gut und gern können Sie einen ganzen Tag dort verbringen, bei Gesichtsmasken mit rein pflanzlichen Mitteln, beim Epilieren mit zwei gerollten Zwirnen, bei entspannenden Kopf-, Körper- und Fußmassagen. Henna etwa dient dort nicht nur zum Färben, sondern auch als gesunde Haarpackung, angereichert mit Joghurt, Ei, Limone und duftenden Ölen. Die Behandlungen kosten einen Bruchteil des Preises, der dafür in Deutschland verlangt würde. Da schließt man gern auch mal in einem wenig schicken Beauty Parlor genüsslich die Augen.

SPIRITUALITÄT

Glaube und Aberglaube gehen in Indien fließend ineinander über. Jeder gläubige Hindu geht mindestens einmal täglich in den Tempel zum Beten. Und selbst aufgeklärte Geschäftsleute konsultieren vor jedem Abschluss ihren „Hausastrologen" wegen des günstigsten Zeitpunkts. Spiritualität hat eine über 3000 Jahre alte Tradition in Indien. Sie gibt auch heute den Ärmsten der Armen durch die Lehre des Karmas Hoffnung auf ein besseres Schicksal im nächsten Leben. Die Aschrams („Ort der Anstrengung"), Zentren der Besinnung, erfreuen sich vieler Anhänger, die sich um ihren jeweiligen Meister – den Guru – gruppieren. Je nach Philosophie leitet er seine Jünger auf der Suche nach spirituell-religiöser Erkenntnis, häufig unterstützt durch Meditation und Yoga. Noch stärker als ein Guru, nämlich als *Avatar* – eine Verkörperung Gottes – wurde Sri Sathya Sai Baba (1926–2011) verehrt. Seine Aschrams in Puttaparthi/Andra Pradesh und in Whitefield/Karnataka erfreuen sich noch immer großer Beliebtheit. Sein Credo lautete: Jede einzelne Religion ist gleichermaßen wichtig.

Die als „Amma" verehrte Sri Mata Amritanandamayi wurde 1953 in Kerala geboren, wo sich in Amrita auch ihr Aschram befindet. Seit jeher zeigt sie tiefes Mitgefühl für alle Menschen. Mit einer Umarmung segnet sie die Heil- und Wahrheitssuchenden. Inzwischen hat sie weltweit bereits über 24 Mio. Menschen umarmt. Mutter Meera wurde 1960 in Andra Pradesh geboren, lebt aber inzwischen in Deutschland, wo sie in Schaumburg und auf Reisen ihren Anhängern durch Berührung an den Schläfen ihren Segen erteilt.

SPRACHEN

Da jeder Bundesstaat seine ganz eigene Sprache sowie jeweils etliche verschiedene Dialekte hat, die zum Teil auch mit unterschiedlichen Schriftzeichen geschrieben werden, ist Hindi als offizielle Amtssprache eingeführt worden. Die zweite Amtssprache ist aufgrund der Kolonialgeschichte eigentlich Englisch, sie wird allerdings hauptsächlich von der Oberschicht und im zunehmenden Maß auch von der immer stärker anwachsenden Mittelschicht gesprochen, die sich im internationalen Business bewegt. Im Einzelnen wird in Goa *Konkani* gesprochen, in Karnataka ist es *Kannada,* in Kerala

Glaube im Alltag: Wer den *sadhus,* den heiligen Männern, spendet, vermehrt sein gutes Karma

das sehr schnelle *Malayalam* und in Tamil Nadu *Tamil*.

TSUNAMI

Das Seebeben am 26. Dezember 2004 richtete auch in Südindien verheerende Schäden an. An den Küsten gab es Tausende Tote, weitere Tausende Menschen, vor allem Fischer, verloren ihre Existenz. Allein rund 7800 Tote von etwa 11000 offiziell registrierten Opfern in Indien soll es in Tamil Nadu gegeben haben. Am schlimmsten betroffen war der Nagapattinam-Distrikt, wo die Wellen eine Höhe von etwa 6 m erreichten. Studien aus Südindien zeigen, dass dort, wo Mangrovenwälder und andere natürliche Schutzbarrieren im Küstenbereich relativ intakt waren und die gesetzlich vorgeschriebene Küstenschutzzone von 500 m eingehalten wurde, kaum Menschen oder Bauten zu Schaden kamen. Inzwischen sind fast alle Spuren beseitigt, allerdings haben viele der betroffenen Fischer noch immer keine Spendengelder erhalten.

UMWELT

Mehrere Hotelresorts – allen voran die *cgh-earth-Gruppe* als Vorreiter in Sachen Ökotourismus und Nachhaltigkeit – aber auch kleinere Resorts haben ein großes Umweltbewusstsein entwickelt. Wie geleckt sieht es meist auch in den Anlagen anderer Unterkünfte aus – inklusive des zugehörigen Strandabschnitts. Doch sobald man die saubere Zone verlässt, ist es vorbei mit dem Umweltbewusstsein. Plastikflaschen und –tüten bedecken den Boden, und niemand fühlt sich bemüßigt, sie zu beseitigen. Überleben sei wichtiger als Müllentsorgung, lautet die Entschuldigung. Doch es gibt Hoffnung. Jose Dominic, Gründungsmitglied der *Ecotourism Society of India*, arbeitet am Bewusstsein der Bevölkerung. Seine Gesellschaft halte überall im Land Vorträge, weil man sich bewusst sei, dass der Unrat nicht nur für die Einheimischen, sondern auch für den Tourismus eine große Bedrohung darstelle. Die Initiative Ecotourism, so ihr Leiter, lege Wert auf Nachhaltigkeit, wobei sie die Bewohner der jeweiligen Region in den Nutzen, den sie aus dem Tourismus zieht, mit einbeziehen möchte. Und man denke darüber nach, wie der Abfall in Elektrizität umgewandelt werden könnte. Probleme gibt es auch in den Backwaters von Kerala, in denen Dorfbewohner mit viel Waschpulver ihre Wäsche waschen und gern auch ihren Abfall in den Kanälen entsorgen. „Wir versuchen auch dort, das Bewusstsein für eine saubere Umwelt zu schärfen. Für die Hausboote gibt es sogar schon ein Gesetz gegen Abfallentsorgung ins Wasser", sagt Dominic.

WIRTSCHAFT

Indiens Wirtschaft boomt! Mit durchschnittlich 8,2 Prozent Wachstum im Finanzjahr 2011/2012 ist Indien die weltweit am stärksten expandierende Volkswirtschaft nach China. Mit seinem Bruttoinlandsprodukt wird es bis Mitte des Jahrhunderts voraussichtlich nach China und den USA an dritter Stelle liegen. Auf dem globalen Markt spielt Indien schon jetzt eine große Rolle. Seine Kraft bezieht es aus der IT-Branche.

Und dennoch gilt: Obwohl inzwischen eine gesunde Mittelschicht heranwächst, ist die Kluft zwischen Arm und Reich nirgends so groß wie in Indien. Zwar verzeichnet der Subkontinent weltweit die meisten Millionäre und Milliardäre, trotzdem liegt das Jahreseinkommen pro Kopf durchschnittlich bei lediglich 556 Euro. Ganze 28 Prozent der Bevölkerung leben unterhalb der Armutsgrenze von 1 US$ pro Tag und halten Indien im Status eines Entwicklungslands.

ESSEN & TRINKEN

Allgemein gilt die südindische Küche als wesentlich schärfer als die nordindische. Kokos ist allgegenwärtig in den Gerichten, zieht sich durch Saucen, wird als Öl verwendet und taucht in Form von Alkohol, wie *toddy* (Palmwein) und *Arrak* (starker Schnaps), wieder auf.

Das typischste Gericht ist der *thali,* bei dem um einen Kegel Reis bis zu 36 verschiedene vegetarische Köstlichkeiten zu appetitlichen Häufchen aufgeschichtet und traditionell auf einem Bananenblatt serviert werden. In Kerala heißt das üppige Mahl *sadya*. Am besten schmeckt es, wenn Sie es wie in Indien üblich mit den Fingern essen (nur mit der rechten „reinen" Hand). Hotelrestaurants richten inzwischen eine verschlankte Variante auf einem Teller an. Allerdings ist der Geschmack auf einem Bananenblatt unvergleichlich besser und vor allem authentischer. Fangfrische *kingprawns* (Königsgarnelen) und *lobster* (Hummer) aus dem Meer werden auf vielfache Weise zubereitet. Reis ist in Südindien das wichtigste Grundnahrungsmittel. Er wird nicht nur als Korn, sondern auch als Mehl verwendet. Zu den bekanntesten Gerichten gehören *biryanis,* gemischte Reisgerichte mit Gemüse und meist auch mit Fleisch. Aus der tamilischen Küche stammen die Currys *(karis)*. Der ganz besondere Geschmack wird durch die speziellen Gewürzmischungen erreicht. Dazu zählen Curryblätter, Tamarinde, Koriander, Ingwer, Knoblauch, Chilischoten, Zimt, Nelken, Kardamom, Kümmel, Fenchel oder Anis, Bockshornkleesamen,

Bild: Chicken Currys

Eine Abenteuerreise für den Gaumen: Im Süden Indiens birgt jedes Gericht, jeder Bissen eine neue, sinnliche Erfahrung

Muskat, Kokos, Kurkuma und Rosenwasser. Mit dem Currypulver, das in Europa verwendet wird, hat das nichts zu tun. Das beste Frühstück Indiens genießen Sie in Kerala – sowohl was den Geschmack als auch die Gesundheit angeht. Eine Spezialität, die in ganz Indien serviert wird, ist *dosa,* hauchdünne, gerollte Reismehl-Pfannkuchen, zu denen Kokos-Chutney und würzige Sambar-Sauce gereicht werden. Während sich Kerala der besten Meeresfrüchte Indiens rühmt, bietet die Speisekarte Goas eine Vielfalt an Hühnchengerichten, ungewöhnlichen Puddings und natürlich auch Meeresfrüchte-Spezialitäten wie Garnelen-Curry. Von den Portugiesen lernten die Einwohner Goas würzige Wurst zuzubereiten. *Vindaloo* stammt von dem portugiesischen „carne em vinha d'alhos" ab, in Wein und Knoblauch eingelegtes Fleisch. Rote Chilis und Gewürze machen das Gericht besonders pikant. In der Region Chettinad in Tamil Nadu wird die raffinierteste Küche Südindiens zubereitet, die außer typisch tamilischen Elemen-

SPEZIALITÄTEN

▶ **appam** – einfache Reis-Pfannkuchen
▶ **bhaji** – in Kichererbsenmehl frittierter Gemüsekuchen
▶ **chicken cafrial** – gewürfeltes, mit würziger Sauce bestrichenes Hühnchen, eine goanische Spezialität
▶ **chourissos** – rote Würstchen in Goa
▶ **chutney (chatni)** – würzige bis scharfe Paste aus rohem, gekochtem und eingelegtem Obst oder Gemüse, die zu *thalis* gereicht wird
▶ **dhal** – rote Linsen
▶ **feni** – Schnaps aus Cashewnüssen
▶ **garam masala** – Vorsicht: eine scharfe Gewürzmischung!
▶ **idiyappam** – wird aus Reismehl hergestellt und mit scharfer Gemüsesoße zum Frühstück serviert (Foto re.)
▶ **idli sambar** – flache Reiskuchen mit würziger Sauce
▶ **jaggery** – die braunen Klumpen aus Zuckerrohr sind viel gesünder als Zucker, enthalten viele Mineralien, Proteine und Vitamine und werden auch in der ayurvedischen Küche verwendet
▶ **kerala parippu**– recht flüssiges Curry aus dhal, Kokosraspeln, grünem und rotem Chili sowie ghee (geklärter Butter)
▶ **kurlleachi karti** – Krabbenfleisch-Curry mit Kokosraspeln
▶ **masala** – Gewürzmischung für Gemüse, *dosas,* Salate und Reis
▶ **murg masala** – Hühnchen mit Gewürzen, Nüssen und Joghurt
▶ **pakoras** – in Teig frittierte Gemüse oder Eier
▶ **panir** – Würfel aus festem Frischkäse
▶ **pappadam** – hauchdünnes Brot aus Reis- oder Linsenmehl, in Öl frittiert
▶ **pilau** – gewürzter Reis mit Gemüse
▶ **puttu** – feste Kegel aus Reismehl und Kokosnuss, in der Regel zum Frühstück serviert
▶ **rasam** – scharfe Suppe, meist aus Tomaten
▶ **roti** – Fladenbrot aus Weizen-, Hafer-, Hirse- oder Maismehl. Damit lassen sich Soßen wunderbar auftunken
▶ **sambar** – leicht flüssige Beilage aus Gemüse, Linsen, Chilis, Tamarinde
▶ **samosas** – frittierte, meist mit Kartoffeln und Erbsen, aber auch mit Fleisch gefüllte Pasteten
▶ **tandooris** – Hühnchen- oder anderes Fleisch, das im zylindrischen Lehmofen zubereitet wird (Foto li.)
▶ **thali** – verschiedene Speisen in kleinen Schüsseln – oder in Kerala auf einem Bananenblatt – angerichtet
▶ **uppama** – geschmortes Gemüse

ten auch Einflüsse aus Burma, Indonesien und Europa vereint. Ohnehin legen die jungen Köche immer mehr Wert auf leichte Küche. Nachspeisen sind oft zucker- und fettfrei, werden aus Getreide, Früchten und Linsen zubereitet.

Als Vegetarier durch Indien zu reisen macht Spaß. Da Millionen Inder fleischlos leben, gehört die vegetarische Küche zu den abwechslungsreichsten und vielfältigsten der Welt. Für gläubige Hindus bedeutet die Reinheit von Geist und Seele auch die Abstinenz von Fleisch, Fisch, Geflügel und häufig auch von Eiern. In jeder Stadt, in jedem Ort gibt es etliche vegetarische Restaurants. Und jedes „normale" Restaurant *(non-veg)* weist entweder eine getrennte Speisekarte, wenn nicht gar einen getrennten Sitzbereich oder einen extra Speiseraum für Vegetarier aus *(veg)*. Wer scharfes Essen nicht gut verträgt, sollte „non spicy" verlangen.

Das hygienischste Getränk ist der erfrischende Saft der *king coconut* – der jungen Kokosnuss. Möchten Sie ganz auf Nummer sicher gehen, bringen Sie für die Straßenstände eigene Strohhalme mit. Gegen Salzverlust hilft Soda mit Limonensaft und Salz. Das Gleiche gilt für *lassi* – geschlagener Joghurt, oft mit Früchten, z. B. als Mango-*lassi* serviert. In Indien werden auch Biere wie *King Fisher* und *Golden Eagle* gebraut, sie haben weitaus weniger Prozente als bei uns. Schon die Portugiesen haben im 16. Jh. Wein in Goa eingeführt. Doch seit einigen Jahren hat sich Indien auch selbst einen Namen im Weinanbau gemacht. In Fachkreisen spricht man vom vinologischen Dreieck Indiens. Es umfasst die Gebiete Nashik, Pune und Mumbai in Maharashtra. Was die Quantität anbelangt, kann die Abfüllung zwar noch nicht mit international bekannteren Anbaugebieten mithalten, wohl aber mit der Qualität. Merlot, Sauvignon und Chardonnay werden auf Weinmessen hochgelobt. Da der Staat inzwischen diesen Wirtschaftszweig fördert und entsprechende Steuersenkungen vorgenommen hat, wird erwartet, dass der indische Weinanbau einen weiteren Aufschwung erlebt. Schon jetzt laden viele Weingüter zu Verkostungen ein.

Tee wird zu jeder Gelegenheit gereicht. Da er sehr stark gebraut wird, trinkt man ihn mit Milch. Dank der vielen Kaffeefarmen schmeckt das Gebräu aus frisch gerösteten Bohnen einfach köstlich.

Thali, das indische Wort für Vielfalt

Grundsätzlich sollten Sie alles, was man nicht kochen oder schälen kann, nicht anrühren. Sonst ist der Urlaub wegen Magenproblemen für längere Zeit verdorben. Wasser nur aus noch geschlossenen Flaschen trinken, und vorher prüfen, ob der Verschluss auch wirklich versiegelt ist. Selbst das gefilterte Wasser, das in Krügen auf den Restauranttischen steht, ist für europäische Mägen nicht gut genug. Absolut tabu: Eis vom Strandhändler!

EINKAUFEN

Packen Sie Ihren Koffer bloß nicht randvoll, er wird bei der Heimreise überquellen. Die meisten Urlauber müssen vor Ort ein zusätzliches Gepäckstück kaufen, um all die schönen Dinge nach Hause zu bringen. Tauchen Sie ein in die Wunderwelt der Märkte und Basare, aber vergessen Sie das Feilschen nicht! Nennt der Händler einen Preis, nennen Sie Ihren, der bei der Hälfte liegt. Wenn Sie hart bleiben, trifft man sich in der Mitte. Reagieren Sie selbst auf das Angebot eines Strandverkäufer niemals mit einem harten „Nein". Sagen Sie lieber „vielleicht morgen". So bewahren Sie beide Ihr Gesicht. In den staatlichen Geschäften, den Emporiums, gibt es Festpreise – im Gegensatz zu den vielen Kaschmirgeschäften, die sich häufig auch als Emporium bezeichnen. Vorsicht bei Antiquitäten – es gibt hervorragende Fälscher, die Möbelstücke und Münzen auf alt trimmen. Ohnehin dürfen Sie nichts ausführen, das älter als 100 Jahre ist.

Lassen Sie sich ruhig mal ein Hemd oder ein *salvar kameez* – eine lange Bluse mit enger Hose – schneidern. Es dauert höchstens ein paar Stunden und ist sehr preiswert. Das trifft übrigens auch auf westliche Schnitte zu, die indische Schneider geschickt für Sie kopieren.

GEWÜRZE

Safran gehört zu den teuersten Gewürzen der Welt – in Indien ist es erschwinglich. Vor allem in den Gewürzhöfen von Fort Cochin in Kerala. Auf den Märkten sind wahre Kegel aufgeschichtet an Kardamom, Ingwer, Gelbwurz, Vanille usw., von denen Sie sich die gewünschte Menge lose abfüllen lassen können.

LEDERWAREN

Nur in sehr eleganten Shoppingzentren, etwa in Bengaluru, finden Sie Hand- oder Aktenkoffer, die dem europäischen Geschmack entsprechen. Die meisten Modelle gehen allenfalls als „exotisch" durch. Das trifft auch auf die geschnürten Sandalen zu, die überall zuhauf angeboten werden. Dafür gibt es sehr schöne Gürtel, Portemonnaies und alle möglichen Etuis.

PASCHMINA-SCHALS

Südindien ist übersät mit Kaschmirläden, die Teppiche, Schmuck und Hunderte von Paschmina-Schals in allen erdenklichen Farben und Mustern verkaufen. Die Qualität ist sehr unterschiedlich, sie können

Im Kaufrausch: Seide, Schmuck, Gewürze – ein einziges Shoppingparadies auf Märkten, in Basaren und Geschäften

von 10 bis 500 Euro kosten. Echte Schals sind aus Kaschmirwolle hergestellt, dem Haar der Himalaja-Bergziege, das fünfmal feiner ist als menschliches Haar. Die beste Qualität wird aus den Haaren unter dem Kinn der Bergziege gewonnen. So ein Stück kann unmöglich nur 20 Euro kosten. Als Beweis für die feine Struktur der echten Kaschmirschals ziehen die Händler sie oft von oben bis unten durch einen Fingerring.

SCHMUCK

Es gibt wunderbaren Gold- und Silberschmuck, allerdings hat das Gold oft den orientalischen Rotschimmer. Lassen Sie sich ein Echtheitszertifikat zeigen, und wenn Sie auf Nummer sicher gehen wollen, kaufen Sie nur in Schmuckgeschäften, die als „government approved" gekennzeichnet sind. Silber wird sehr kunstvoll verarbeitet und häufig mit halbedlen Steinen dekoriert. Ein typischer Stein ist der satt goldgelbe *amber* (Bernstein).

Auch bei uns inzwischen sehr angesagt sind *bangles* – glitzernde Armreifen, mit Steinen oder ohne, echt oder Talmi. Man trägt mehrere übereinander, gern Ton in Ton. Als Modeschmuck sind sie in Indien überall in den sogenannten *Ladies Shops* – oft nur kleine Kioske – erhältlich.

SEIDE UND BAUMWOLLE

Die beste Seide Indiens stammt aus Mysore und Madurai. Es gibt hauchdünne und recht feste Qualität. Auch wenn Sie selber keinen Sari tragen, so macht sich der zwischen 4 und 8 m lange und 1,20 m breite Stoff auch als Sofa-, Bettdecke oder als Vorhang sehr gut. Aus der breiten Brokatbordüre lassen sich auch hübsche Kissenhüllen schneidern, am besten gleich vor Ort. Baumwolle gibt es in wunderbaren Mustern; traumhaft schöne Stoffe in authentischen Farben importieren südindische Händler aus Gujarat, wo sie in einem Salzsee haltbar gemacht werden.

DIE PERFEKTE ROUTE

TEMPEL, TEMPEL, TEMPEL

❶ ***Chennai*** **→ S. 96** ist der ideale Startpunkt. Mieten Sie sich hier einen Wagen mit Fahrer für die gesamte Strecke oder legen Sie Teilstrecken mit der Eisenbahn zurück. Bevor Sie aufbrechen, steigen Sie in Chennai die 106 Stufen hoch zur weißen *San Thome Basilika,* wo der Apostel Thomas gewirkt haben soll. Am Meer entlang führt Sie die East Coast Road in den Süden nach ❷ ***Mamallapuram*** **→ S. 103** (Foto li.). Nehmen Sie sich viel Zeit für dieses einzigartige Unesco-Welterbe – die *Meerestempel* sowie die neun *Höhlentempel* mit Reliefs voller Elefanten und Himmelswesen. Weiter geht es Richtung Süden nach ❸ ***Thanjavur*** **→ S. 108** mit seinen 90 Tempeln (!). Einen herrlichen Ausblick auf ❹ ***Tiruchirappalli*** **→ S. 109** genießen Sie vom 83 m hoch gelegenen *Rock Fort* mit dem *Ucchi-Pillar-Tempel.* Nur 6 km entfernt liegt die legendäre Tempelstadt ❺ ***Srirangam*** **→ S. 110** mit ihren Basarstraßen voller Pilger auf einer Insel zwischen zwei Flüssen. Das größte Wunderwerk Südindiens steht allerdings in ❻ ***Madurai*** **→ S. 105** – der *Sri-Meenakshi-Sundareshwarar-Tempel* mit seinen 33 Mio. Götterfiguren und Dämonen. Geben Sie vor der Besichtigung im angrenzenden Basar bei einem der 250 Maßschneider etwas in Auftrag, und holen Sie es danach wieder ab.

TIGER, TEE UND TRAUMSTRÄNDE

Nun geht es in die Berge mit ihren Teegärten zum ❼ ***Periyar-Nationalpark*** **→ S. 58** (Foto re.). Bei einer Bootsfahrt, beim Trekking und Bambus-Rafting kreuzen Elefanten und Affen Ihren Weg, mit Glück sogar ein Tiger. Anschließend lockt ein Strand – der von ❽ ***Varkala*** **→ S. 68**. Steigen Sie die Treppen hoch zum roten Kliff, und genießen Sie den Blick von oben in einem der vielen Open-Air-Lokale. Selbst wenn es nur für ein paar Stunden ist – entern Sie im Venedig des Ostens, in ❾ ***Alappuzha*** **→ S. 55**, ein Hausboot aus Bambus und Kokosmatten, und entschleunigen Sie auf den verwunschenen Wasserstraßen der *Backwaters.* Tauchen Sie in ❿ ***Kochi*** **→ S. 49** ein in das Gewusel der engen Gassen der Altstadt! Fotografieren Sie zum Sonnenuntergang vom Boot aus die *chinesischen Fischernetze.*

PARTY, SHOPPING, ALTE PRACHT

⓫ ***Mysore*** **→ S. 91** ist die Märchenstadt der Maharajas. An Festtagen wird der prächtige Palast *Amba Vilas* von 96 000 Glühlampen erleuchtet.

Erleben Sie Südindiens vielfältige Facetten von Tamil Nadu bis an die Strände Goas über Tigerreservate, Backwaters und Pub Citys

Das Shoppingparadies ⑫ ***Bangalore*** → S. 76 lockt Sie weiter: Seide, Saris, Schmuck, Teppiche – in der MG Road reiht sich ein toller Shop an den anderen. Die sehr westlich beeinflusste Stadt mit ihrem ausgiebigen Nachtleben wird auch gern als *Pub City* bezeichnet.

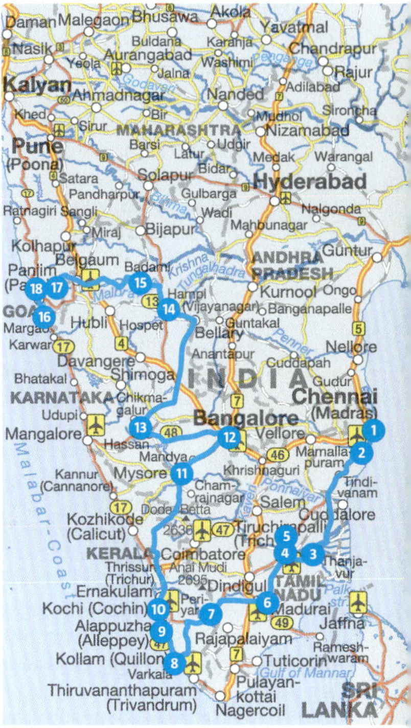

EROTIK IN STEIN

Ganz schön gewagt! Die erotischen Darstellungen am *Hoysala-Tempel* von ⑬ ***Belur*** → S. 89 sind ausgesprochen detailliert. Pure Magie entfaltet ⑭ ***Hampi*** → S. 80. Schon die Lage zwischen den bizarren Granitfelsen am Fluss bezaubert. Mieten Sie sich ein Fahrrad, um die Tempel, Paläste und Triumphwagen auf der ausgedehnten Anlage – übrigens auch ein Unesco-Welterbe – zu besichtigen. In den roten Sandsteinhügeln von ⑮ ***Badami*** → S. 85 verbergen sich vier Höhlentempel. In dem ersten können Sie beim 18-armigen Nataraja (Shiva), der 81 verschiedene Tanzfiguren zeigt, Tanzstunden nehmen.

BADEN, FEIERN, FLUSSFAHRT UNTER STERNEN

Nun dürfen Sie an den Endlosstränden von Goa relaxen. Dieser kleinste indische Bundesstaat ist portugiesisch geprägt und versprüht Lebensfreude. Als Königin unter seinen Stränden gilt ⑯ ***Calangute Beach*** → S. 35. Schauen Sie sich aber auch unbedingt ⑰ ***Alt-Goa (Velha Goa)*** → S. 43 an, mit der schneeweißen Kirche *Basilika Bom Jesus*. Und gönnen Sie sich schließlich zum Sonnenuntergang eine romantische Bootsfahrt auf dem *Mandovi River* in der Hauptstadt von Goa, ⑱ ***Panaji*** → S. 40. Vom Flughafen Dambolim geht es dann zurück nach Chennai.

2635 km. Reine Fahrzeit: 49 Std.
Empfohlene Reisedauer: 16–20 Tage
Detaillierter Routenverlauf auf dem hinteren Umschlag, im Reiseatlas sowie in der Faltkarte

GOA

Auf der Suche nach Gewürzen und Seide landeten portugiesische Seefahrer 1510 in Goa. Begeistert über den fruchtbaren Landstrich bleiben sie gleich 451 Jahre lang. Erst 1961 erhielt Goa die Unabhängigkeit von Portugal, 1987 wurde es 25. indischer Bundesstaat.

Bunte Hindutempel stehen neben schneeweißen Kirchen, und die Bewohner nehmen das Leben leichter als im Norden. Die Mischung macht's in Goa: kolonialer Charme versetzt mit indischer Mystik, quirligen Märkten, exotischen Gerüchen. Vieles trägt hier einen portugiesischen Namen, die Älteren sprechen z. T. noch die Sprache der einstigen Kolonialherren. Sie haben ihre Festungen hinterlassen, ihre Villen, ihre Gerichte, ihren Glauben, ihre Kultur. Der Bundesstaat an der Westküste ist mit 3702 km^2 Indiens kleinster. Zu Füßen des Gebirgszugs Western Ghats wechseln sich grüne Reisfelder ab mit dichten Palmenhainen. In den Orten am Rand der Reisfelder scheint die Zeit stehen geblieben zu sein. Pittoreske Dörfer wie *Canacona taluka* bei Margao scheinen fast unberührt von jeglicher Zivilisation.

Doch Goas eigentliches Kapital sind die endlosen, breiten Sandstrände an der 101 km langen, von Flussmündungen durchbrochenen Konkan-Küste. Generell sind die Strände im Norden quirliger als im Süden. Das einstige Hippieparadies hat seine Blumenkinder entlassen. Die Aussteiger haben sich in die äußeren Ecken im Norden und Süden verzogen. Am Abend verwandeln sich die lebhaften Strände mit all ihren Aktivitäten in roman-

Bild: Strand von Palolem

Traumstrände und portugiesische Lebensart: Baden wird im kleinsten Bundesstaat Indiens großgeschrieben – in der Sonne und im Meer

tische Samtteppiche. Viele Lokale stellen Tische und Stühle an den Strand. Mit den Füßen im Sand unterm Sternenhimmel, untermalt vom Sound der leichten Brandung – Goa-Feeling zum Niederknien!

CALANGUTE-BAGA

(144 A5) (*🕮 B6*) **Ehemals kleine Fischerdörfer, sind die beiden Badeorte Calangute (*koli gutti* = Land der Fischer) und Baga jetzt fast nahtlos miteinander verwachsen (17 000 Ew.).**
Quirlige Betriebsamkeit herrscht in der Doppelgemeinde. Calangute-Baga ist ein idealer Ausgangspunkt für Ausflüge in die Gegend nördlich des Mandovi River.

SEHENSWERTES

ST.-ALEX-KIRCHE

Weithin sichtbar leuchten die beiden Türme und die Kuppel in der Mitte der schneeweißen St. Alex Church in Calangute. Die hübsche Kirche zählt mit über 400 Jahren zu den ältesten in Goa. Sehenswert ist auch der prächtige Altar. *Chogm Rd.*

FREIZEIT & SPORT

HAUSBOOT-TOUREN

Goa bietet wie Kerala Hausboot-Ausflüge auf seinen Backwaters, allerdings im Kleinformat. Es gibt Touren unterschiedlicher Dauer. Die zweitägige Tour auf einem Doppelstöcker z. B. startet um 15 Uhr von Chapora/Siolim, pünktlich zum Sonnenuntergang über den Mangroven. *Nov.–April | 200 Euro | Johns Boat Tours | Tel. 0832 6 52 01 90 | www.johnboattours.com*

Gehegt und gepflegt: Auch nach 400 Jahren strahlt St. Alex noch immer schneeweiß

ESSEN & TRINKEN

O PESCADOR RESTAURANT & BAR

Dieses große Open-Air-Lokal mit seinen rund 100 Plätzen genießt einen guten Ruf wegen seiner Fisch- und Meeresfrüchte-Gerichte. Am Wochenende tritt eine lautstarke Liveband auf. *Ab 18 Uhr | Baga Rd., Cobra Vaddo, Calangute | Tel. 0832 2 27 94 47 |* €€

EINKAUFEN

ACRON ARCADE

In Calangutes Nachbarort Candolim liegen verschiedene Fashion-Outlets indischer Designer. Außerdem Bücher, CDs, DVDs. *Okt.–April tgl. 10–22, Mai–Sept. 10–20 Uhr | 283 Ft. Aguada Rd. | www.acronarcade.com*

STRÄNDE IN DER UMGEBUNG

Von Nord nach Süd, alle **(144 A5)** ***(🗺 B6)***

VAGATOR

Der Strand zu Füßen des Chapora Fort besteht aus zwei Abschnitten, die durch Felsen getrennt sind. Der nördliche Teil *Ozram* ist kleiner und belebter, der südliche *Big Vagator* abgeschiedener. Insgesamt ist Vagator cooler, jünger als Anjuna.

ANJUNA
Kühe, Späthippies und Pauschaltouristen teilen sich den warmen Sand von Anjuna. Zwischen Palmen und Klippen gehen bei Vollmond turbulente Rave-Partys ab.

CALANGUTE ★
Die „Königin der Strände" zieht sich über 8 km vom Fort Aguada bis zur Mündung des kleinen Flusses am *Baga Beach*. Baga, Calangute, Candolim und Sinquerim sind verschiedene Abschnitte eines einzigen lang gezogenen Strandes, mit jeweils anderem Charakter. Die Calangute ist gesäumt von Imbiss- und Massageständen. Die im portugiesischen Stil erbaute Anlage *Ronil Beach Hotel (Baga, Sauntavaddo | Tel. 0832 2 27 61 01 | €€)* hat 126 Zimmer und zwei Pools.

CANDOLIM
Am stark bevölkerten Strand reiht sich Bude an Bude. Ein nettes Restaurant ist *Palm & Sands* mit goanischer, chinesischer und europäischer Küche. Spezialität: *apple pie (Dando | Tel. 0832 2 47 91 71 | €).*

SINQUERIM
Den 800 m langen, schmalen Ausläufer des Candolim-Strands säumen zum Fort Aguada hin Felsen. Hier wird viel Wassersport betrieben. Im Kolonialstil gebaut wurde das *Aldeia Santa Rita (55 Zi. | Sinquerim, Candolim | Tel. 0832 2 47 98 68 | €€)*. Elf Villen reihen sich um den Pool.

AM ABEND

TITO'S
Kultdisko der Flower-Power-Ära. Die Party begann 1971 und dauert bis heute. 365 Tage im Jahr wird gefeiert – täglich unter einem anderen Motto. *Tito's Lane Baga*

ÜBERNACHTEN

ATMAN ECO ART RESORT
Hinter den Sanddünen von Pernem, dem nördlichsten in Goa, liegen die Ökohütten aus Bambus und Holz, mit Naturmaterialien von einem italienisch-indischen Paar äußerst geschmackvoll eingerichtet. Im Dachterrassen-Restaurant *Sole e Luna*

MARCO POLO HIGHLIGHTS

★ Calangute
Tausende von Palmen säumen die 8 km lange Königin der Strände
→ S. 35

★ Anjuna-Flohmarkt
Nicht nur Althippies bieten hier ihre Schnäppchen an → S. 36

★ Majorda, Colva, Benaulim, Varca
Vier Strände bilden einen endlosen Palmenstrand mit viel Platz zum Träumen → S. 38

★ Cavelossim, Mobor, Betul
Ruhig, romantisch, endlos – so stellt man sich Tropenstrände vor → S. 38

★ Portugiesische Häuser in Chandor
Das Bragança-Haus und Sara's Heritage House sind lebendige Museen der Kolonialzeit → S. 40

★ Dona Paula
Dieser schöne Palmenstrand diente schon als Kulisse für Bollywoodfilme
→ S. 41

★ Sahakari Spice Farm
Duftendes Gewürzerlebnis und Elefantenritt → S. 43

★ Velha Goa
Die ganze Stadt wurde zum Unesco-Weltkulturerbe erklärt → S. 43

wird italienische Küche aus regionalen Produkten serviert. *Dando Village, Gircarwada, Arambol | Pernem | Tel. 0988 1311643 | www.atmangoa.com* | €

CASA DE GOA

Die zwölf im mediterranen Stil gehaltenen Villen gruppieren sich um einen Pool. *50 Zi. | Calangute | Tel. 0832 2279999 | www.casadegoa.com* | €€–€€€

D'MELLOS GUESTHOUSE

Zwischen Candolim und Calangute liegt das schnuckelige Gästehaus von Peter d'Mello im tropischen Garten. Der 300 m lange Strandabschnitt ist fast menschenleer. Gegessen wird im Strandrestaurant, fast alle der 20 Zimmer mit Balkon haben Blick aufs Meer. Internetcafé. *Escrivao Vaddo | Candolim, Bardez | Tel. 0832 2489650 | www.dmellos.com* | €

PAES PEARL BEACH VILLA

Das alte Goa-Haus liegt 100 m vom Baga Beach und wurde total renoviert. Es hat vier geräumige Zimmer mit Blick aufs Meer und kleinem Balkon. *Tel. 0982 2175692 | paespearl@gmail.com* | €€

INSIDER TIPP **YOGAMAGIC RESORT**

Das Öko-Resort hat ein Haupthaus mit zwei Suiten und 7 orientalisch eingerichtete Zelte. Die Lage am Reisfeld und an einem Wasserarm lässt Sie richtig zur Ruhe kommen. Auch Yoga und Ayurveda tragen dazu bei. Das Resort kompostiert, verwendet Solarenergie und recycelbare Materialien. *1586/1 Grand Chinvar | Vagator, Anjuna, Bardez | Tel. 0832 6523796 | www.yogamagic.net* | €€

AUSKUNFT

TOURIST OFFICE CALANGUTE

Calangute Residency | Calangute Beach | Tel. 0832 2276024

ZIELE IN DER UMGEBUNG

ANJUNA-FLOHMARKT ★

(144 A5) (*B6*)
Am Ende des langen Strands von Anjuna hatten Hippies in den 1970er-Jahren einen Flohmarkt gegründet. Heute zählt er zu Goas Hauptattraktionen – mit Ständen voller Kunsthandwerk aus Tibet, Nepal und Kaschmir, mit bunten Klamotten und Tattoo-Künstlern. *Mi 11 Uhr bis Sonnenuntergang | 2,5 km nördl. ab Strandende*

INSIDER TIPP **ARPORA SATURDAY NIGHT BAZAR** (144 A5) (*B6*)
Im Nachbarort Arpora geht samstagnachts auf dem Basar die Post ab. In der Marktmitte treten auf einer Bühne Künstler auf, an den Ständen gibt es Klamotten, Schmuck, Gewürze und Snacks. *19–24 Uhr*

FORT AGUADA (144 A5) (*B6*)
Zwischen 1609 und 1612 bauten die Portugiesen die weitläufige Festung Aguada am Ende des Sinquerim-Strands. Im Fort befindet sich eine weiße Zitadelle mit einem Leuchtturm. Er war 1846 der erste Leuchtturm überhaupt in Asien. *4 km südl.*

MAPUSA (144 A5) (*B6*)
Montags bis samstags ist Markt in Mapusa. Der Besuch lohnt besonders am Freitag, wenn Bauern aus Nordgoa mit Früchten, Gemüse, Töpferwaren, Blumen und süßen Bananen kommen. *11 km nordöstl.*

PALOLEM

(144 A5) (*B6*) **Der Gesamtdistrikt Canacona hat nur rund 11000 Einwohner. Das muntere Örtchen Palolem besteht eigentlich nur aus einer Straße, der *Palolem Beach Road.***

Sie ist gesäumt von Krimskramsläden, Cafés und Lokalen. Hier fühlen sich besonders junge Traveller wohl. Statt feiner Hotels sind Ökoresorts aus Lehm und Bambus angesagt. Der halbmondförmige Strand von Palolem wird auch „Paradise Beach" genannt. Begrenzt von Felsen, ist er von einem dichten Palmenwald gesäumt. Von Palolem aus Richtung Norden reihen sich bis nach Majorda Goas schönste Strände aneinander.

in Palolem. *Palolem Beach | Tel. 096 73 50 19 12* | €–€€

RESTAURANT SAN FRANCISCO

Direkt am Strand Palolems ist die offene Bambusveranda der ideale Ort zum Relaxen. Es gibt leckere goanische Gerichte für wenig Geld. Die Spezialitäten sind Tigergarnelen und Xacuti-Hühnchen

Praktisch: in hübschen Taschen hübsche Mitbringsel vom Anjuna-Flohmarkt heimtragen

SEHENSWERTES

SRI-MALLIKARJUN-TEMPEL

Dieser Tempel in Canacona, etwa 3 km von Palolem entfernt, wurde bereits im 16. Jh. gebaut und ist einer Verkörperung von Shiva geweiht. Im Tempel befinden sich Figuren von mehr als 60 Gottheiten.

ESSEN & TRINKEN

DROPADI BEACH RESTAURANT

Auf der Speisekarte stehen Langusten, Lasagne sowie nordindische *tandooris,* die Küche gilt als eine der besten

mit Kokossauce. *Palolem Beach | Tel. 091 58 05 72 01 | www.campsanfrancisco.com* | €

EINKAUFEN

BUTTERFLY BOOK SHOP

Eine große Erleichterung fürs Reisegepäck: Wer ein Buch kauft, kann es hier anschließend auch wieder verkaufen – zu einem niedrigeren Preis, versteht sich. Auch ausleihen ist möglich. Internationale Sprachen von Englisch und Deutsch bis Russisch und Japanisch. *Ward 14, Pundalik Gaitondi | www.yogavillapalolem.com*

FREIZEIT & SPORT

DELPHINE BEOBACHTEN

Viele Fischer am Palolem Beach bringen Touristen mit ihren Booten gern aufs offene Meer, wo sie an einer bestimmten Stelle die verspielten Meeressäuger beobachten können.

STRÄNDE IN DER UMGEBUNG

Von Nord nach Süd, alle (144 A5) (*B6*)

MAJORDA, COLVA, BENAULIM, VARCA ★

Hier, nördlich von Palolem, haben sich etliche Luxusresorts angesiedelt. So auch am palmenbestandenen Endlosstrand, der sich von *Majorda* bis *Varca* zieht.

CAVELOSSIM, MOBOR, BETUL ★

Bis zur Spitze der Landzunge erstreckt sich dieser ruhige Sandstrand nördlich von Palolem, der mehrere Abschnitte umfasst. Das 5-Sterne-Resort *The Leela Goa (Tel. 0832 2871234 | www.theleela.com | €€€)* gilt als bestes Hotel im ganzen Bundesstaat. Es liegt zwischen Sal River und dem ruhigen Mabor Beach, hat 206 Zimmer, sechs Restaurants, ein großzügiges Spa mit Ayurveda-Arzt, 12-Loch-Golfplatz und Tennisplätze. Die Anlage wird nachhaltig betrieben – mit Solareneergie und Verwendung von Regenwasser für die Parkanlage. Am Ufer des Sal River liegt das offene Restaurant INSIDER TIPP *Fisherman's Wharf (gegenüber Holiday Inn, Cavelossim, Mobor | Tel. 0832 2871317 | €€)*. Auf der Karte stehen Fisch- und Meeresfrüchte-Spezialitäten. Die Lage des INSIDER TIPP *River View (hinter Hotel Luisa by the sea | Cavelossim, Mobor | Tel. 0832 2871898 | €)* am Sal ist romantisch; Meeresfrüchte und scharf gewürztes Hühnchen sind preiswert.

INSIDER TIPP AGONDA

Die 3 km lange, naturbelassene Bucht ist von Palmen und Kasuarinen eingerahmt und liegt etwa 5 km nördlich von Palolem. Das *Jardim a Mar (bei der Kirche | Cavelossim | Tel. 094 20820470 | www.jardim-a-mar.com | €)* bietet Unterkunft

Am Strand des Resorts The Leela Goa sind noch Plätze unter Palmen frei

in insgesamt 18 Zimmern, teilweise in Hütten. Außerdem: Yoga und Ayurveda, vom Open-Air-Restaurant aus können Sie abends springende Delphine beobachten.

AM ABEND

STRANDPARTYS PALOLEM

Hotspot des Nachtlebens ist der Hauptstrand von Palolem. Jeden Samstagabend veranstaltet der britische DJ Justin Mason ● *Silent-Noise-Partys:* Über Kopfhörer können verschiedene Musik-Stilrichtungen eingestellt werden. *22–4 Uhr*

ÜBERNACHTEN

INSIDER TIPP BHAKTI KUTIR

Einfach ideal zum Abschalten! Die 22 Hütten in einem Palmenhain stehen 200 m über dem Südstrand. Das Restaurant ist überwiegend vegetarisch. Die Philosophie des kleinen, feinen Resorts ist ganzheitlich, inklusive Ayurveda und Yoga sowie Meditation. Kinder können Hindi oder Konkani lernen. Außerdem werden Koch- und Musikkurse angeboten. *296, Colomb | Palolem | Tel. 0832 2 64 34 69 | www.bhaktikutir.com | €*

CAMP SAN FRANCISCO

Eins der besten Ökoresorts ist das Camp San Francisco. Alle 23 Hütten dort haben Dusche und WC. Den schönsten Blick hat man von den Baumhäusern auf Stelzen direkt am Strand. *Gleich hinter dem Sea-shell's Guest House an der Palolem Rd. | Tel. 091 58 05 72 01 | www.campsanfrancisco.com | €*

CIARAN'S CAMP

Zwölf umweltfreundliche Strandhütten aus Kokosfasern mitten in einem üppigen Garten haben Meer- oder Gartenblick. Keine Hütte ist weiter als 20 m vom Strand entfernt. Die Bücherei ist mit über 1000 Büchern ausgestattet. Um Plastik zu vermeiden, wird Trinkwasser nachgefüllt, außerdem Energiesparlampen. Im offenen Beachrestaurant werden frische Meeresfrüchte serviert. *Palolem Beach | Tel. 0832 2 64 34 77 | www.ciarans.com | €*

AUSKUNFT

Auskünfte über das *Tourist Office* in *Margao, Stadtmitte | Tel. 0832 2 72 25 13*

ZIELE IN DER UMGEBUNG

COTIGO WILDLIFE SANCTUARY

(144 B6) (*B6*)

Der 107 km² große Wildpark liegt 10 km östlich von Palolem. Affen turnen zwischen den Bäumen, und mit Glück sieht man Lippenbären, Nashörner und Leoparden. Von einem 25 m hohen Hochstand können Sie Tiere beim Trinken an einer Wasserstelle beobachten. Beste Zeit: Okt.–März. *Tgl. 7.30–17.30 Uhr | Range Forest Office | www.goaforest.com*

MARGAO (144 A5) (*B6*)

Goas zweitgrößte Stadt (78 000 Ew.) ist seit jeher ein wichtiger Handelsplatz vor allem für landschwirtschaftliche Produkte. Besonders sehenswert ist deshalb der Markt, der sich vom Hauptplatz des Orts bis zum alten Bahnhof erstreckt. In dem überdachten Labyrinth voller Farben, Klänge und Gerüche finden Sie auch Gewürze, Kleidung, Töpferwaren und Kunstgewerbe. Ein besonderes Verwöhnerlebnis bietet der Schönheitssalon ● *Millennium Beauty Parlour (QG 7, St. Anthony Complex, neben St. Sebastian Church | Aquem Alto | Tel. 098 22 48 28 64).* Inhaberin Sarita Lobo massiert, färbt, manikürt, pedikürt und führt auch die Gesichtsbehandlungen hauptsächlich mit natürlichen Produkten durch.

Bragança-Anwesen in Chandor: Die Tochter des Hauses führt Sie durchs koloniale Gestern

Die heißesten Modetrends von Goa führt die *Boutique Blue – Clothes Bar (Coelho Apartments, Shop No. 1, gegenüber St. Sebastian Kirche | Aquem Alto | Tel. 098 22 48 61 36).* Inhaberin Nelita Maurya hat sich auf ausgefallene indo-europäische Fusionmode aus Seide, Baumwolle, Leinen und Chiffon mit entsprechenden Accessoires spezialisiert. Sie fertigt auch auf Maß an. Handgemachtes aus ganz Indien, aus umweltfreundlichen, meist recycelten Materialien, werden im *Tuk-Tuk-Shop (A 104, 1. Stock, Pereira Plaza, gegenüber Hospicio Hospital)* angeboten, z. B. Körbe, Bücher und Briefpapier aus Elefantendung. *30 km nördl.*

PORTUGIESISCHE HÄUSER IN CHANDOR ★ (144 A5) (*B6*)

Originalhäuser aus der portugiesischen Zeit, die noch von den Nachfahren ihrer Erbauer bewohnt werden, sind in Chandor für Besucher geöffnet. Das *Bragança-Haus (tgl. 9–17.30 Uhr | 100 Rps. Spende)* am Church Square ist in Teilen 450 Jahre alt. Senhora Aurea Bragança Pereira zeigt die Schätze des größten Wohnhauses Goas: den prächtigen Ballsaal mit Kristalllüstern und die typisch goanischen Relaxstühle. Auch *Sara's Heritage House (Mo–Sa 9–17 Uhr | Fort Area, Cotta, Chandor)* ist ein lebendiges Museum. Sara Fernandes' Stolz sind – abgesehen vom Ballsaal – die Sammlung alter Sänften, Tempelstatuen und die 500 Jahre alten Schießscharten. *35 km nördl.*

PANAJI (PANJIM)

KARTE IM HINTEREN UMSCHLAG
(144 A5) (*B6*) **Goas Hauptstadt (67 000 Ew.) liegt am Südufer der breiten Mündung des Mandovi-Flusses. Seit einigen Jahren verbindet die Nehru-Brücke Panaji mit Nordgoa.**

Ihren Charme verdankt die Stadt der traumhaften Lage am Fluss sowie den vielen Kolonialgebäuden, den Kirchen, den schattigen Plätzen und den grünen Parks – allen voran die Municipal Gardens.

SEHENSWERTES

KIRCHE DER UNBEFLECKTEN EMPFÄNGNIS

Am begrünten Zentralplatz Municipal Gardens leuchtet weithin sichtbar die *Church of Immaculate Conception.* Vom Hügel hat man einen schönen Überblick über die Stadt. Die weiße Barockkirche aus dem Jahr 1541 mit den Zwillingstürmen ist das Wahrzeichen von Panaji.

ESSEN & TRINKEN

INSIDER TIPP FULL MOON RESTAURANT

In den offenen Restaurants am Strand werden fangfrischer Fisch und Meeresfrüchte serviert. Romantisch: Lassen Sie sich im Restaurant Full Moon unterm Sternenhimmel einen Tisch direkt ans Wasser stellen. *Bogmalo-Strand | Tel. 0832 2 53 80 72 | €*

EINKAUFEN

Die Haupteinkaufsstraße *18th June Road* reicht vom Church Square bis Don Bosco's. Außer den üblichen Sari-Glitzer-Glamour Shops gibt's auch Läden internationaler Designer.

FREIZEIT & SPORT

ENGLISCH-KURSUS

Incredible English heißt die Sprachenschule für Erwachsene, ca. 1,7 km vom Benaulim und 2,5 km vom Colva Beach entfernt. Der Campus bietet Internetcafé, Bar, Garten, Pool und Fußballfeld. Unterkunft im *Alenea Resort (30 Zi.)* im gleichen Gebäude, mit Hotelservice, oder bei Familien. Neben Englisch können Sie Yoga- und indische Kochkurse belegen. Auf dem Programm stehen auch Ausflüge und Aktivitäten. *Alenea Resorts | Plot No. 22 & 23, Dando Ground | Adsulim, Benaulim, Scalete | Tel. 0832 2 78 97 68 | www.iegoa.com*

STRÄNDE IN DER UMGEBUNG

Von Nord nach Süd, alle (144 A5) (🗺 B6)

DONA PAULA ★

2 km südlich von Miramar hat der malerische Strand, gesäumt von Palmen und

LOW BUDG€T

▶ ● Motorcycle Pilots bringen ihren Sozius zu einem Bruchteil des Taxitarifs zu jedem Ziel und warten geduldig bei Besichtigungen. Meist sind die Fahrer auch noch kundige Reiseführer. Man findet sie überall in Goa an Ständen mit der Aufschrift *Two Wheeler Taxi Stand. 5 Rps./km*

▶ Am Strand in der Bogmalo Bay haben sich etliche Schneider angesiedelt, die günstig und schnell arbeiten – am besten fertigen sie Kopien mitgebrachter Kleidungsstücke oder schneidern nach Vorlagen aus Modezeitschriften. Bester seiner Zunft ist *Manolis (Tel. 0832 2 53 81 87).*

▶ Motorroller, Motorräder und Fahrräder können Sie sich fast überall ausleihen, günstiger die Umgebung Goas anschauen geht nicht. Die Preise liegen zwischen 200 und 400 Rps. pro Tag. Bei Motorrollern und -rädern Kopie des Führerscheins mitbringen!

Kasuarinen, schon häufig als Kulisse für Bollywoodfilme gedient.

INSIDER TIPP BOGMALO BAY

Wie eine Sichel ist die Bogmalo Bay geformt. Wegen des ruhigen Wassers und des seicht abfallenden Strands ist das Baden hier rund ums Jahr ungefährlich. Das gleichnamige Dorf besteht aus einer Kirche, Kaschmirläden und Schneidereien.

AM ABEND

INSIDER TIPP BOOTSFAHRT IN DEN SONNENUNTERGANG

Pünktlich zum Sonnenuntergang starten in Panaji täglich die Schiffe auf dem Mandovi River. Mit Livemusik, Folkloreshow und Dinner. Buchung direkt an der Ablegestelle

ÜBERNACHTEN

BOGMALLO BEACH RESORT COTTAGES

Nur 300 m vom feudalen Haupthaus entfernt liegen 15 Beachcottages in einem Palmengarten, der direkt an die Bogmalo-Bucht grenzt. Alle haben Meerblick und sind mit Veranda, Bad und einem Kingsize-Bett ausgestattet. *Mormugao | Tel. 0832 2538222 | www.bogmallobeachresort.com* | €€€

CIDADE DE GOA

Das Luxusresort hat 210 Zimmer, zwei Pools und liegt in einer parkähnlichen Gartenanlage, nur 7 km von Panaji entfernt am 300 m langen *Vainginim Beach*. Die verschachtelten, rosaroten Häuser haben schon manchen Architekturpreis gewonnen. *Tel. 0832 2454545 | www.cidadedegoa.com* | €€€

INSIDER TIPP COCONUT CREEK RESORT

In 14 km Entfernung von Panaji versteckt sich in Bogmalo mitten in einem Palmenhain die zauberhafte kleine Anlage aus zehn Pavillons und Pool. Zum Strand von Bogmalo sind es 4 Min. Die 20 großen Zimmer haben Betten mit Baldachin. *Tel. 0832 2538100 oder 2538090 | joets@sancharnet.in* | €€

DEVAAYA AND AYURVEDA & NATURE CURE CAMP

Auf der Divar-Insel im Mandovi-Fluss lässt es sich in der weitläufigen Anlage mit insgesamt 60 luxuriösen Zimmern im Goa-Stil leicht auf die Ayurveda-Behandlungen konzentrieren. Außerdem: Pool, Tennis, Basketball, Yoga. *Tel. 0832 2280500 | www.devaaya.com* | €€

AUSKUNFT

GOA TOURISM DEVELOPMENT CORPORATION

Dr. Alvares Costa Rd. | Tel. 0832 24240013 | www.goa-tourism.com

TOURIST INFORMATION CENTER

Interstate Bus Terminus | Tel. 0832 2225620

ZIELE IN DER UMGEBUNG

GOA CHITRA (144 A5) (*B6*)

Die Anlage (ca. 35 km südl.) soll die gesamte Kultur Goas vermitteln. Aus alten Materialien wurden ein typisches Dorf gebaut und ein organischer Garten gestaltet. Im Museum sind Handwerkskunst und bäuerliche Geräte ausgestellt. Dazu ein Freilufttheater. *9–18 Uhr, letzter Einlass 17 Uhr | Eintritt 200 Rps. | St. John the Baptist Church Rd., Mondo-Waddo | Benaulim | www.goachitra.com*

MOLEM & BHAGVAN MAHAVIR WILDLIFE SANCTUARY (144 B5) (*B6*)

Goa teilt sich den 240 km² großen Nationalpark zu Füßen der Western Ghats mit

Maharashtra und Karnataka. Allein der goanische Teil, der Molem-Nationalpark, ist 107 km² groß. Nächster Ort ist Molem *(65 km östl.)*. Zu den Bewohnern des Parks zählen Leoparden, Elefanten und Bisons. Den besten Blick hat man vom *Devil's-Canyon*-Aussichtspunkt, spektakulär sind die *Dudhsagar*-Wasserfälle. Jeeptouren führen ins Innere des Dschungels. *Tgl. 9–17.30 Uhr*

SAHAKARI SPICE FARM ★ ●

(144 A5) *(B6)*

Beim Rundgang durch die Gewürzfarm nahe Ponda am Highway 4 A 34 km südöstlich von Panaji können Sie Nelken, Muskatnuss, Kardamom, Zimt, Ingwer und Vanille fühlen und riechen. Und sich kostenlos massieren lassen. Außerdem: auf Elefanten reiten, sie beim Flussbad schrubben und Krokodile beobachten. *Tgl. 9.30–16 Uhr | 300 Rps. inkl. Bio-Mittagessen | Tel. 0832 2 3123 94 | www.sahakarifarms.com*

SRI-MANGUESH-TEMPEL

(144 A5) *(B6)*

Der Tempel steht im Dörfchen Priol, 28 km östlich von Panaji. Sri Manguesh ist eine der vielen Verkörperungen Shivas, ihm ist auch ein *Lingam* – ein Phallusstein – geweiht. Markanter Blickpunkt des berühmten Shiva-Heiligtums ist sein weißer, siebenstöckiger Öllampen-Turm.

VELHA GOA ★ (144 A5) *(B6)*

Zum Unesco-Welterbe zählt die einstige Hauptstadt *Velha Goa* (5400 Ew.) mit ihren Palästen, barocken Kirchen und feudalen Herrenhäusern, 10 km östlich von Panaji. Bis 1759 Hauptsitz des portugiesischen Kolonialimperiums, wirkt Alt-Goa am Mandovi-Fluss heute vergleichsweise beschaulich. Die berühmteste Kirche in Goa ist die *Basilika Bom Jesus* mit dem Grab des Heiligen Franziskus Xavier, der 1542 als Missionar nach Goa kam und in China starb.

Gott Shiva geweiht: der Sri-Manguesh-Tempel mit seinem siebenstöckigen Öllampen-Turm

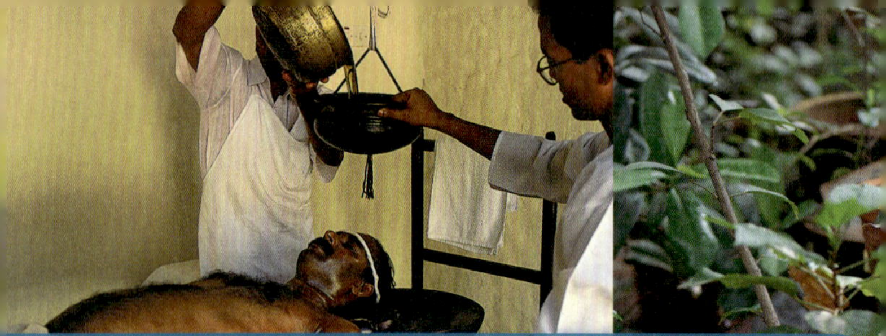

AYURVEDA

★ *Ayurveda* ist das Wissen vom Leben. *Ayur* heißt Wissenschaft, *veda* bedeutet Leben. Die uralte Heilkunst hat ihren Ursprung in Indien und wurde seit etwa 600 v. Chr. mündlich überliefert. Nach ihrer Lehre entstehen Krankheiten durch eine Störung des Gleichgewichts der drei *doshas* (Bioenergien) *vata, pitta* und *kapha. Vata* (Raum und Luft) kontrolliert alle Bewegungen, *pitta* (Feuer und etwas Wasser) den Stoffwechsel und *kapha* (Erde und Wasser) sorgt für Struktur und Stabilität. Bei der Eingangsuntersuchung ermittelt der Ayurveda-Arzt durch verschiedene Diagnosetechniken, welche doshas wie stark aus dem Gleichgewicht geraten sind. Danach werden Anwendungen und Diäten maßgeschneidert.

Manchmal sind die Methoden gewöhnungsbedürftig. Wie das Dampfbad, bei dem nur der Kopf aus einem Holzkasten ragt. Oder die Kerala-Massage mit den Füßen, bei der der Therapeut sich an einem Seil festhält. Als äußerst angenehm wird die vierhändige Synchronmassage – abhyangam – empfunden oder shirodhara, der Stress mindernde Öl-Stirnguss. Die authentische Form von Ayurveda lässt Fleisch und Fisch während der Kur nicht zu; auch baden ist tabu. Deshalb muss der Patient am Traumstrand sehr diszipliniert sein. Stattdessen sollen Meditation und Yoga die Harmonie zwischen Körper, Geist und Seele fördern. Besonders intensiv soll Ayurveda während des ● Monsunregens wirken, da dann die Poren für die Behandlungen weit geöffnet sind. Zwei Wochen Reinigungskur inkl. Unterkunft/Verpflegung in einem Ayurveda-Resort kosten im Schnitt zwischen 1200 und 2000 Euro. In einem Ayurveda-Krankenhaus zahlt man dafür zwischen 1120 und 1700 Euro.

AYURVEDA-RESORTS

Ayurvedische Massagen werden in Kerala von den meisten Hotels angeboten. Mit dem *Green Leaf* bzw. *Olive Leaf* sind Ayurveda-Zentren gekennzeichnet, die offiziell von der Regierung anerkannt sind. Seit 2012 werden noch strengere Maßstäbe angelegt. Das Verzeichnis finden Sie auf der Homepage von *Kerala Tourism, www.keralatourism.org,* erhältlich ist es auch über das Indische Fremdenverkehrsamt Frankfurt *(Tel. 069 2429490 | www.india-tourism.com).* Auch Spezialanbieter wie *Aytour* in Starnberg *(Tel. 08151 998799-0 | www.aytour.de), Comtour* in Essen *(Tel. 02054 9547-0 | www.comtour.*

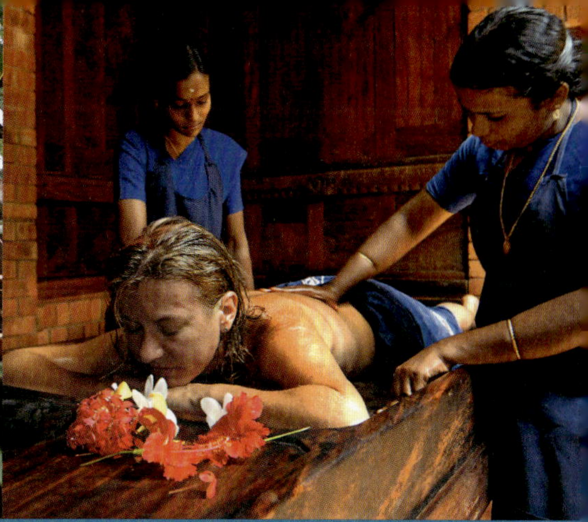

Die tausendjährige Heilkunst wirkt noch immer Wunder – bei leichten Beschwerden und bei chronischen Leiden

de) und *Lotus Travel* in München *(Tel. 089 20 20 89 90 | www.lotus-travel.com)* oder das *Ayurveda Team* in Bern *(Tel. 0041 31 318 48 58 | www.ayurveda-team.ch)* vermitteln seriöse Ayurveda-Resorts.

Einige Beispiele: In einem ehemaligen Maharadja-Palast ist das cgh-earth-Hotel *Kalari Kovilakom* untergebracht *(Tel. 04923 26 37 37 | www.kalarikovilakom.com)*. Unter deutscher Leitung befindet sich das *Thapovan Ayurveda Centre* in Kovalam *(Tel. 0471 248 04 53 | www.thapovan.com)*. Das *Somatheeram Ayurvedic Health Resort*, Kovalam, *(Tel. 0471 226 81 01 | www.somatheeram.org)* hat schon viele Auszeichnungen erhalten (nicht zu verwechseln mit dem Somatheeram Aryuvea Beach Resort!). Auf einer kleinen Insel liegt das *Poovar Island Resort (Tel. 0471 257 36 49 | www.poovarislandresort.com)*. Einen Strand hat auch *The Taj Ayurvedic Centre/The Gateway Hotel Calicut (Tel. 0495 661 30 00)*. Im abgelegenen **INSIDER TIPP** *Kalappura Farmhouse* wird seit 300 Jahren Ayurveda praktiziert *(buchbar über www.keralatravelagent.com/homestays-in-kerala/kalappura-farmhouse.html)*.

AYURVEDA-KLINIKEN

In Ayurveda-Resorts handelt es sich meistens um Kuren zur inneren Körperreinigung. Bei chronischen Krankheiten wie z. B. Rheuma, Diabetes, Allergien, Herz-Kreislauf- oder neurologisch wie metabolisch bedingte Leiden empfehlen sich reine Ayurveda-Kliniken wie das *Vaidya Ratnam Ayurveda Hospital* in Ollur/Thrissur *(www.vaidyaratnamcollege.org/hospital.php)* oder Indiens erste nach dem internationalem Klinikstandard NABH zertifizierte Ayurveda-Klinik *Ayurvaid (ayurvaid.com)* mit Häusern in Bangalore, Kochi und Chennai. Ein kompetenter Dienst zur Abklärung von Behandlungsangeboten in Indien vor einer Reise ist der Patientenservice für Integrative und Ayurveda-Medizin. Informationen unter *www.ayurvedaservice.info*

KERALA

Die 600 km lange Malabarküste im Südwesten Indiens entspricht haargenau dem Klischee tropischer Traumstrände: Badewannenwarm schwappt das Arabische Meer an den mit Palmen bestandenen Endlosstreifen aus goldgelbem Sand, an Strände wie Varkala mit den roten Klippen, Alappuzha Beach oder den 9 km langen Kovalam Beach.

Auf kleinem Raum liegen im 38 863 km² großen Bundesstaat Kerala unterschiedlichste Landschaften und Klimazonen beieinander: Kokospalmenwälder – Kerala wurde nach der Palme, *kera,* benannt -, Reisterrassen, mehr als 40 Flüsse, die Hill Stations im kühlen Hochland mit ihren Tee-, Kaffee-, Gewürz- und Kautschukplantagen, wo Bergstämme wie eh und je nach ihren eigenen Ritualen in ihrem eigenen Rhythmus leben, wo mächtige Wasserfälle zu Tal donnern und sich ein Netz aus Wanderwegen über Hügel und Berge spannt. Dazwischen koloniale Städte und das verwunschene Wassernetzwerk der Backwaters, Regenwälder, dschungelartige Wildparks. Zwölf Naturschutzgebiete und zwei Naturparks sind es insgesamt – Heimat seltener Tiere und Pflanzen, darunter die *Neelakurunji,* die blaue Blume, die nur ein einziges Mal in zwölf Jahren blüht. Im Periyar-Tigerreservat leben rund 60 Tiger, der Eravikulam National Park beherbergt den exotischen Atlasfalter und die Hälfte der Population des *Niligiri Tahrs* – eine braune Ziegenart. Im Thattekkady Bird Sanctuary leben einige der seltensten Vögel der Welt; der Silent Valley National Park blickt auf eine re-

Bild: in den Backwaters bei Kollam

Wo der Pfeffer wächst, ist das Paradies ganz nah: Indiens schönste Urlaubsregion bietet alles, was Reisende wünschen

lativ ungestörte Evolutionsgeschichte von mindestens 50 Mio. Jahren zurück. Und das Parambikulam Wildlife Sanctuary ist eins der besten Schutzgebiete des Landes, um indische Bisons, Elefanten und Tiger zu beobachten. Gesäumt wird „Gottes eigenes Land", wie Ex-Beatle Sir Paul McCartney Kerala nennt, von herrlichen Badestränden mit weitläufigen Luxusresorts, kleinen Boutiquehotels und ökologisch ausgerichteten Ayurveda-Anlagen. Überhaupt zieht sich ★ *Ayurveda* *(s. S. 44)*, die uralte indische Heilkunst, wie ein roter Faden durch Kerala. Kein Wunder, stand hier vor Tausenden von Jahren doch ihre Wiege. Kerala versteht sich als ein einziger großer Wohlfühltempel. Massagen aller Art werden an jeder Ecke, an jedem Strand, in jedem noch so kleinen Hotel angeboten, mal mehr, mal weniger professionell, aber immer äußerst entspannend.

Das Land, wo der Pfeffer wächst, ist umgeben vom Arabischen Meer und den Western Ghats, die im Hinterland bis zu 2700 m hoch aufragen. 1502 landete der

portugiesische Seefahrer Vasco da Gama auf seiner vierten Indienfahrt mit 15 Schiffen und 800 Männern an der fruchtbaren Küste. Doch schon vor über 2000 Jahren begann hier der Handel mit Gewürzen, die im Lauf der Zeit Phönizier, Griechen, Römer, Juden, Araber, Chinesen, Portugiesen, Holländer und Briten anlockten. Sie alle deckten sich reichlich ein mit Pfeffer, Kardamom, Sandelholz, Zimt, Ingwer, Safran, Tee, Kaffee und Kautschuk.

Die Herrscher der Königreiche von Malabar, Travancore und Cochin schlossen sich 1956 zum Staat Kerala zusammen. Heute leben hier viele verschiedene Volksgruppen und Religionen im friedlichen Miteinander. Früher als anderswo hat das Christentum in Kerala Fuß gefasst. 52 n. Chr. soll der „ungläubige Thomas", einer von Jesu Aposteln, an der Malabarküste gelandet sein.

Keralas Bildungsniveau ist höher als das der übrigen indischen Bundesstaaten. Über 90 Prozent der rund 32 Mio. Einwohner lesen und schreiben in der Landessprache Malayalam. Zu verdanken ist das der Maharani von Trivandrum, die 1817 beschloss, dass der Staat die gesamten Bildungskosten seiner Bürger übernimmt. In jedem Ort liegt im Umkreis von rund 3 km eine Grundschule. Im Staat Kerala stellen abwechselnd die CPI bzw. die CPI(M), Communist Party of India (Marxist), und die Kongresspartei die Regierung; vielerorts sieht man noch die rote Fahne mit Hammer und Sichel wehen.

In den vergangenen Jahren hat sich Kerala besonders als indischer Schrittmacher in der Lösung allgegenwärtiger Umweltprobleme hervorgetan. Ökotourismus lautet das Ziel, das in vielen Hotelanlagen sichtbar, greifbar und fühlbar in die Tat umgesetzt wird. Die 600 km lange Küste, die sich über die Gesamtlänge von Kerala zieht, ist mit ruhigen, häufig völlig naturbelassenen und abgeschiedenen Sandstränden gesegnet, die zu den besten der Welt zählen. Mit altertümlichen Leuchttürmen, nostalgischen Piers, hohen Klippen, Fischerdörfern und eindrucksvollen Forts entfaltet jeder einzelne Strand seinen ganz eigenen Charme. Natur und Kultur setzen die stärksten Akzente eines Urlaubs in Kerala.

Kathakali, ein sehr ausgeklügeltes Tanzdrama, zieht jeden Zuschauer in seinen Bann. Auch das Repertoire an klassischen Kampfkunstarten, die sich über tausend Jahre zurückverfolgen lassen, ist reich in diesem Bundesstaat. Die Festivals sind mehr als reine Unterhaltung, sondern führen tief in die Traditionen und Wurzeln von Kerala.

KOCHI (COCHIN)

KARTE AUF SEITE 48

(150 A4) (D11) **Die zweitgrößte Stadt in Kerala (604 000 Ew.) gilt als älteste europäische Niederlassung in Indien.**

Wegen ihrer malerischen Lage in einem Naturhafen an der Malabarküste, mit ihren verschiedenen Stadtvierteln, die sich auf mehrere Halbinseln und vorgelagerte Inseln verteilen, wird Kochi auch die „Königin des Arabischen Meers" genannt. Auf dem Festland liegt der Stadtteil Ernakulam. Per Fähre und Brücken sind die Inseln Willingdon, Bolghatty und Gundy im Hafen, Fort Cochin (hat den alten Namen behalten) und Mattancherry auf der südlichen Halbinsel, Vallapadan und Vypeen

MARCO POLO HIGHLIGHTS

★ Ayurveda
Uraltes Wissen: Die Quelle für Gesundheit und Jugend entsprang vor langer Zeit in Kerala → S. 44, 47

★ Chinesische Fischernetze
Wie Riesenspinnen wirken die skurrilen Gebilde am Strand Fort Cochins → S. 50

★ Kathakali
Zur getanzten Pantomime schlagen Trommeln den Rhythmus → S. 53

★ Brunton Boatyard
Toller Blick von der ehemaligen Bootswerft auf den Hafen → S. 54

★ Backwaters
Verwunschenes Netz aus 2000 km Wasserstraßen → S. 55, 72

★ Marari Beach
Bilderbuchstrand mit Palmen → S. 56

★ Munnar
Leben wie ein Sahib inmitten sattgrüner Teeplantagen → S. 57

★ Periyar Wildlife Sanctuary
Im bekanntesten Naturschutzgebiet Südindiens bewegen sich Tiger, Elefanten und Affen in freier Wildbahn → S. 58

★ Varkala
Von den Klippen beim Tee den Sonnenuntergang beobachten – unbezahlbar! → S. 68

★ Kollam
Phantastische Lage zwischen Meer und See → S. 70

CITY **WOHIN ZUERST?**
Fort Cochin: Nehmen Sie die Halbinsel mit dem interessantesten Stadtviertel als Ausgangspunkt. Zu Fuß oder per Motorriksha (ca. 25 Rps.) von der *Ernakulum Train Station* zum Anleger *Ernakulum Jetty*. Von dort per Fähre zum *Cochin Customs Jetty*. In Fort Cochins engen Gassen ist die Fahrrad-Rikscha das beste Verkehrsmittel. Sie bringt Sie zu vielen Sehenswürdigkeiten – von den chinesischen Fischernetzen bis zum Gewürzmarkt im Mattancherry-Viertel.

nördlich von Fort Cochin miteinander verbunden. Die meisten Häuser im Stadtteil Fort Cochin auf der gleichnamigen Halbinsel wurden von den Portugiesen, den Holländern und den Engländern gebaut. Kochis besonderer Zauber erschließt sich dem Besucher frühmorgens bei den chinesischen Fischernetzen direkt am Strand in Fort Cochin, die dann mit reichem Fang aus dem Wasser gezogen werden. Oder zum Sonnenuntergang von einem Boot aus, wenn sich die skurrilen Gestänge mit den Netzen als schwarze Silhouette gegen den roten Feuerball abzeichnen. Der Reiz von Kochi ist aber auch in den engen Gassen der Altstadt mit ihren Speicherhäusern gegenwärtig, aus denen noch immer der intensive Duft von Gewürzen strömt. Kochis Vergangenheit als alte Handelsmetropole lebt in den stattlichen Bauten im Kolonialstil, in den alten Kirchen und als betriebsamer Fischerort weiter.

SEHENSWERTES

BOLGHATTY PALACE

Der ehemalige *Dutch Palace* wurde 1744 auf Bolghatty Island von den Holländern gebaut und 1909 von den Briten als Residenz übernommen. Heute ist dort das *Hotel Bolghatty Palace* mit viel kolonialem Charme untergebracht. Es lohnt sich, einen Tee auf der Säulenveranda zu nehmen. *Bolghatty Island | www.ktdc.com*

CHINESISCHE FISCHERNETZE ★

Neben dem Fähranleger ist der Strand von markanten chinesischen Fischernetzen geprägt, die von einem Bambusstangengerüst aus ins Wasser gelassen und in der Hoffnung auf einen guten Fang wieder herausgezogen werden (Tauchnetze). Für wenig Geld gibt es dort ● fangfrische Krevetten, die Sie sich gleich kochen lassen können. Wenn Sie frühmorgens hingehen, laden die Fischer Sie auf die fest verankerten Pontons ein, von denen aus die Netze hochgezogen werden. Die chinesischen Fischernetze wurden im 13. Jh. von Händlern aus China eingeführt. Ein besonders schönes Fotomotiv sind die Netze bei Sonnenuntergang. Den besten Blick haben Sie vom Vasco-da-Gama-Platz. Das Hotel *Brunton Boatyard* besitzt ein eigenes Boot, damit seine Gäste das Naturschauspiel mit den Netzen im Hintergrund vom Wasser aus beobachten können. *Fort Cochin*

HOLLÄNDISCHER FRIEDHOF

Er wurde 1724 von den Holländern angelegt und 2007 renoviert. Ein Besuch des Friedhofs lohnt sich vor allem wegen der besonderen Atmosphäre und der 104 alten Grabsteine mit den Namen vor allem holländischer, aber auch britischer Seemänner, Kaufleute und Soldaten. Besuche können über die nahe St. Francis Church vereinbart werden. *Gleich neben dem Strand von Fort Cochin*

INDO-PORTUGUESE MUSEUM

In der heutigen Residenz des Bischofs, 1506 für den portugiesischen Gouverneur gebaut, ist auch dieses Museum untergebracht. Es zeigt in fünf Sektionen anhand von Artefakten wie ein prächtig geschnitzter Altar aus Teakholz aus dem 16. Jh. sowie ein funkelndes Kristallkreuz, an dem sich die Sonnenstrahlen brechen, das christliche Erbe Keralas. *Di–So 10–17 Uhr | 25 Rps., 1. Do im Monat Eintritt frei | Bishop's House, Fort Cochin*

JÜDISCHES VIERTEL IN MATTANCHERRY

Enge Gassen voller Souvenir- und Antiquitätenshops, die mit altem Schmuck, Möbeln und Masken verlocken, doch Vorsicht wegen der Ausfuhrbestimmungen! Reger Betrieb herrscht noch immer in den INSIDER TIPP Gewürzspeichern, auch *Spice Market* genannt. An Kränen werden Lasten von bunt bemalten Lkws zu den Luken hochgezogen. In Hinterhöfen befinden sich große Lager, wo Sie preiswert Gewürze kaufen können. Durch die Straßen zieht der Duft von Muskat, Kardamom, Vanille, Zimt, Sandelholz, Ingwer, Kaffee und Tee.

Die *Paradesi-Synagoge* grenzt direkt an die Mauer des Palasttempels. Sie ist die letzte von ehemals sieben Synagogen in Kochi und wird von der kleinen, etwa 20-köpfigen jüdischen Restgemeinde genutzt. 1568 wurde die Paradesi-Synagoge von Juden gebaut, deren Vorfahren schon 69 v. Chr. nach Kerala kamen. Der Boden der Synagoge ist mit blau-weißen holländischen Kacheln belegt, von den Decken hängen farbige Glaskronleuchter. *So–Do 10–17 Uhr | Synagoge Rd., Mattancherry*

KATHEDRALE VON SANTA CRUZ

Am Südwestzipfel von Fort Cochin steht der römisch-katholische strahlend blaue Dom im nachempfundenen Rokokostil (1903). 1984 wurde er von Papst Johannes Paul II. zur Kathedrale erklärt. *Di–Sa 9–17, So 10.30–13 Uhr, Messe tgl. 6, 7 u. 18 Uhr | Rampath Rd., Fort Cochin | www.santacruzcathedralbasilica.org*

KERALA FOLKLORE THEATRE & MUSEUM

In einem ehemaligen Lagerhaus werden heute die alten Volkskünste von Kerala bewahrt. Die Architektur von drei Regionen wird hier ausgestellt: Malabar, Cochin und Travancore. Außerdem gibt es Masken, Tanzkostüme, Musikinstrumente, Puppen, Skulpturen und Manuskripte auf Palmblättern zu sehen. Im Museumsshop werden zertifizierte Antiquitäten verkauft. Zu unregelmäßigen Zeiten gibt es auch Theateraufführungen

Prächtiger Kolonialmix: Paradesi-Synagoge

Typisch Kerala: Rote Ziegeldächer um einen Innenhof prägen auch den Mattancherry Palace

(500 Rps.). *Tgl. 9.30–19 Uhr | 100 Rps. | Folklore Junction, Theavara, Kochi | Tel. 0484 2 66 54 52*

MATTANCHERRY PALACE/ DUTCH PALACE

Der Palast wurde 1557 im Viertel Mattancherry auf der Halbinsel Fort Cochin als Geschenk für den damaligen König, Raja Vira Keralavarma, von den Portugiesen erbaut und Mitte des 17. Jhs. von Holländern restauriert, deshalb auch Dutch Palace genannt. Der Bau ist ein typisches Beispiel für die traditionelle Kerala-Architektur: weiße Außenwände mit braunrotem Ziegeldach und Innenhof. Im Hof steht ein kleiner Tempel. Das Schönste an diesem Maharaja-Palast sind die Wandmalereien mit Details aus den hinduistischen Epen der Ramayana. Nicht immer ist das Schlafzimmer des Maharajas mit seinen erotischen Malereien für Besucher geöffnet. *Sa–Do 10–17 Uhr | 5 Rps. | Mattancherry*

ST. FRANCIS CHURCH

Diese ist die älteste europäische Kirche, von Franziskanermönchen zunächst aus Holz, 1516 aus Stein gebaut. Ihre geschwungene weiße Fassade ist typisch für viele Kirchen in Südindien. Im Inneren des Gotteshauses ist die Grabplatte von Vasco da Gama, der Weihnachten 1524 in Cochin starb, zu besichtigen. Seine Gebeine wurden später nach Portugal überführt. Auf weiteren Grabplatten stehen die Namen portugiesischer und holländischer Seefahrer. Wenn der Kustos da ist, dürfen Sie auch in die alten Kirchenbücher schauen. *Mo–Sa 6–19 Uhr | Church Rd., Fort Cochin*

ESSEN & TRINKEN

CAFÉ JEW TOWN

Die Deutsche Annelies Damschen bietet in dem offenen Durchgang der *Ethnic Passage* Cappuccino, frische Säfte, Schoko- und Käsekuchen sowie andere deutsche oder Schweizer Spezialitäten. *The Ethnic Passage, Mattancherry, Fort Kochi | Tel. 0484 2225601 | €*

INSIDERTIPP CAFÉ PORT VIEW
Wegen der Aussicht auf die roten Ziegeldächer der Altstadt und der angenehmen Brise empfiehlt sich die Dachterrasse der New Castle Gallery für eine Pause. Ein altes Fernrohr steht für den traumhaften Blick bis zur Insel Willingdon bereit. Es gibt indische Snacks, Sandwiches und Currys. *Bazar Rd., Mattancherry | Tel. 0484 2210727 | €*

KASHI
Interessante Mischung aus Kunstgalerie und Restaurant. Hier gibt es italienischen Cappuccino und *chai masala* – indischen Gewürztee. Außerdem eine kleine Auswahl europäischer Gerichte auf der Frühstücks- und der Mittagskarte. *Burgher Street, Fort Cochin | Tel. 0484 2215769 | www.kashiartgallery.com | €–€€*

SEAGULL
Hier finden Sie gute Qualität für wenig Geld! Sie sitzen sehr angenehm auf der Terrasse und schauen auf den Hafen. Mittags wird ein Büfett aufgebaut. *2–18 Calvathy Rd., Fort Cochin | Tel. 0484 2217172 | €*

EINKAUFEN

In Ernakulam sind die *Mahatma Gandhi Road*, kurz MG Road genannt, und der *Broadway* mit ihren vielen Geschäften ein wahres Shoppingparadies. Orientalische und westliche Kleidung, Schmuck, günstiges Gepäck, hier bekommen Sie (fast) alles.

KATHAKALI

★ ● *Kathakali* ist getanzte Pantomime und die berühmteste Tanzform Südindiens. Schweigend, aber mit starker Mimik und Gestik erzählen die Tänzer Geschichten aus den Hindu-Epen Ramayana und Mahabharata. Verschiedenfarbig geschminkte Gesichter zeigen die einzelnen Charaktere an. Der stundenlange Schminkvorgang wird als Teil des Gesamterlebnisses verstanden, Zuschauer sind herzlich eingeladen, dabei zuzusehen. Die älteste und beste Kathakali-Vorführung bietet die *See India Foundation.* Die Schminkzeremonie kann man sich um 18 Uhr anschauen, die täglichen Vorführungen beginnen um 18.45 Uhr. *Eintritt 130 Rps. | Kalathi Parambil Lane 7, Ernakulam | Tel. 0484 2376471.*

Das *Kerala Kathakali Centre* zeigt ebenfalls das Tanzdrama mit Erläuterung der Gesten und Farben vor Showbeginn, tgl. 18.30 Uhr (Schminkprozedur 17 Uhr). Außerdem wird dort täglich klassische indische Musik geboten, samstags führt man auch andere Kerala-Tänze (jeweils 20.45 Uhr) auf. *Eintritt 300 Rps. | K. B. Jacob Rd., Fort Cochin | Tel. 0484 2217552 | www.kathakalicentre.com*

Im *Greenix Village* wird außer traditionellen Tänzen und Kampfsportarten auch *Mohiniyattam* vorgeführt – eine weiche, fließende Tanzart mit runden Bewegungen, den Tempeltänzerinnen nachempfunden. Die Schminkprozedur beginnt um 17, die Tänze um 18 Uhr. *Eintritt 225 Rps. | Kalvathy Rd., Fort Cochin | Tel. 0484 2217100 | www.greenix.in*

THE ETHNIC PASSAGE
Die trendige Passage liegt mitten im Jüdischen Viertel von Mattancherry und beherbergt Buchhandlungen, Kunstgalerien, Ledergeschäfte und Antiquitätenläden. *Mattancherry, Fort Cochin*

FABINDIA
Traditionelle Muster und Stoffe, zu schickem Design verarbeitet; in Kochi gleich fünfmal vertreten: *26, Bay Pride Mall, Marine Drive; 1/279 Napier Street, Ft. Cochin; Nucleus Mall, Maradu; Oberon Mall, NH Byepass – Edapally; Old Thevara Rd., Thamarapally, 39/4749 | www.fabindia.com*

THE KERALA STATE HANDICRAFTS DEVELOPMENT CORPORATION SHOWROOM – KAIRALI
Langer Name, große Auswahl und Festpreise in dem staatlichen Geschäft für Kunstgewerbe, Stoffe, Schmuck und vieles mehr. *MG Rd. (bei der Jose Junction), Ernakulam*

MADONNA EXPORTS
Klöster aus ganz Indien liefern feine Handarbeiten zu günstigen Preisen wie Klöppelspitze, liebevoll mit Elefanten und Blumen bestickte Batisttücher, Servietten, Kinderkleider und vieles mehr an das Non-Profit-Center. *Synagogue Lane, VI/182, Jüdisches Viertel | Mattancherry*

INSIDER TIPP NEW CASTLE GALLERY
Drei Stockwerke voll gestopft mit Kunst, Schmuck, Teppichen, Parfum, Paschmina-Schals. Unbedingt handeln! *Bazaar Rd., Mattancherry*

AM ABEND

AVA LOUNGE
Der Hotspot von Kochi liegt im *Boutiquehotel Dream*. Benannt nach dem Filmstar Ava Gardner ist der Stil hier ganz femme fatale: dunkelgoldene Sofas, üppige Kissen, purer Glamour! Die Mischung aus Nachtclub und Disko zieht vor allem Kochis jeunesse dorée an – nicht zuletzt wegen des für Indien recht hohen Eintrittspreises. *Fr/Sa 20.30–0.30 Uhr | Eintritt 2000 Rps., Mi meist ladies night (für Frauen Eintritt frei) | S. A. Rd., Kadavanthara | www.dreamcochin.com*

BOOTSTOUR AM ABEND
Ein romantischer Bootstörn zum Sonnenuntergang bei angenehmen Temperaturen – einfach traumhaft! Mit Blick auf den Hafen, den Marine Drive, Bolgatty Island, Willingdon Island und die Fischernetze. Die Touren starten im Hafen. *17.30–19 Uhr | Buchung im Tourism Reception Center KTDC | Tel. 0484 2 35 32 34 | www.ktdc.com*

ÜBERNACHTEN

BRUNTON BOATYARD ★
Das Hotel ist die wunderschön restaurierte ehemalige Werft direkt am Hafen. Das 22-Zimmer-Luxushaus hat einen Außenpool direkt am Wasser. Die offenen Säulenarkaden rund um den schattigen Innenhof sind mit Antiquitäten bestückt. *River Rd., Fort Cochin | Tel. 0484 2 21 54 61 | www.cghearth.com | €€€*

CHITTOOR KOTTARAM
Etwas ganz Besonderes: König sein für einen Urlaub! Nur eine geschlossene Gruppe von max. 6 Pers. kann in dem 200 Jahre alten Herrenhaus von Kerala-König Raja Verma an einem Backwater-Arm wohnen (1 gr. u. 2 kl. Schlafzimmer). Die Gäste genießen exklusive Privatsphäre, dürfen traditionell aber nur barfuß laufen. Der Service ist vom Feinsten: Die Köche bereiten vegetarische Spezialitäten aus Kerala zu. *Chittoor Temple, gegenüber der SDOA-Schule, Kottaram Rd.,*

Vaduthala | Tel. 0484 3011711 | www.cghearth.com/chittoor-kottaram | €€€

NAPIER HOUSE

Nur acht Zimmer hat das alte holländische Haus mit Dachterrasse und großer Veranda. Sehr persönliche Atmosphäre. *1/275 Napier Lane, Fort Cochin | Tel. 0484 2215715 | www.napierhouse.com* | €€

SPENCER HOME

Die elf Zimmer im altportugiesischen Haus sind groß und gepflegt, alle mit Blick auf den schön bepflanzten Garten. *1/298 Parade Rd., Fort Cochin | Tel. 0484 2215049 | spencerhome-fortkochi.blogspot.com* | €

AUSKUNFT

TOURIST INFORMATION CENTRE

Am Schiffsanleger | Ernakulum | Tel. 0484 2351015; an der Busstation | Fort Cochin | Tel. 0484 2216567

ZIELE IN DER UMGEBUNG

ALAPPUZHA (ALLEPPEY)

(150 A4) *(🗺 D12)*

Das „Venedig des Ostens" liegt direkt am Arabischen Meer und trägt seinen Namen zu Recht. Die Stadt (177 000 Ew.) wurde 1776 um zwei Kanäle herum angelegt. Die ★ *Backwaters (s. S. 72)*, das dicht geflochtene Netz aus Kanälen, Seen, Lagunen und 44 Flüssen, machen Alappuzha mit seinen endlosen Palmenhainen zum Ausgangspunkt phantastischer Natureindrücke. Viele Zugvögel überwintern in diesem teils unberührten Paradies, das auf der Welt einmalig ist.

Von Alappuzha aus starten die meisten der Backwater-Touren, 900 km des Netzes aus über 1900 km Wasserstraßen sind schiffbar. Per Wasserweg ist Alappuzha mit Kollam im Süden und Kottayam im Osten verbunden. Zwischen den drei Städten bestehen regelmäßige Fährverbindungen. Besonders malerisch

So kommt in den Backwaters der Supermarkt daher: Händler bieten ihre Waren vom Boot aus an

ist der von Palmen gesäumte *Alappuzha Beach* mit Leuchtturm und Pier. Der Turm ist über 170 Jahre alt und hat schon oft als Kulisse für Bollywoodfilme gedient. Im Kottayam-Distrikt liegt auch der kleine Ort *Kumarakom.* Dort betreibt die ehemalige Lehrerin Raji Punnoose das in Indien einzigartige *Bay Island Driftwood Museum (Di–Sa 10–13 u. 10.30–18, So 11.30–18 Uhr | Chakranpadi | www.bayislandmuseum.com).* 25 Jahre lang trug sie Treibgut von den Andaman und Nicobar Islands zusammen und machte daraus eine ungewöhnliche Sammlung aus Kunst und Phantasie. Das beste Hotel der Gegend, das *Vivanta by Taj Kumarakom (33 Zi. | Kumarakom, Kottayam | Tel. 0481 2 52 57 11 | www.vivantabytaj.com | €€–€€€),* liegt am Vembanad Lake, einer Backwater-Lagune. Das Haupthaus ist der 125 Jahre alte ehemalige *Bakers Bungalow.* Rund um einen großen Pool sind kleine Villen im Kerala-Stil gebaut, teils mit antikem Mobiliar. Eigenes Hausboot. Viel Charme hat das Resort INSIDER TIPP *Coconut Palms (Thottapally, Kumarakodi, Pallana, Alleppey | Tel. 0477 2 29 80 57, Reservierung Tel. 0471 2 33 11 65 | €),* ein 200 Jahre altes Kerala-Haus mit Säulenveranda, tief gezogenem Dach und acht hübschen Zimmern, 400 m von den Backwaters, 100 m vom einsamen *Pallana-Strand* entfernt. Außerdem: Ayurveda, Kanus und Fahrräder. Die INSIDER TIPP *Harbour Beer & Wine Bar (Beach Rd. | Tel. 0477 2 23 07 67 | www.raheemresidency.com | €€€)* neben dem Boutiquehotel *Raheem Residency* ist ein beliebter Treff, besonders zum Sonnenuntergang über dem Meer. Zum Essen empfiehlt sich *Kream Korner (Mullakal Rd. | €).* Dort werden vegetarische und nichtvegetarische Gerichte serviert, darunter auch die abwechslungsreichen *thalis*. Lustiges Mitbringsel: In einigen Geschäften der *Mullackal Shopping Street* werden bunt bemalte Schirme angeboten. *50 km südl.*

CHERAI BEACH (150 A4) *(D11)*
Zwei Fliegen mit einer Klappe: Sonnenaufgang über den Backwaters – Sonnenuntergang über dem Meer. Beides ist möglich am selben Standpunkt, dem herrlichen Sandstrand am Nordende der Vypeen-Insel, gesäumt von dichten Palmenhainen und grünen Reisfeldern. *Mit der Fähre (30 Min.) von Ernakulum*

ELEFANTENCAMP (150 B4) *(D11)*
45 km nordöstlich von Kochi liegt Kodanad am Rande des Periyar-Nationalparks. Es galt zu Zeiten der Maharajas als größtes Elefantenlager Südindiens, bis es 1977 verboten wurde. Das Trainingscenter wird aber nach wie vor genutzt. Nett anzuschauen sind die Babyelefanten oder Grautiere, wenn sie morgens und abends im Periyar-Fluss baden. Ein Ritt kostet 200 Rps. *Malayattur Forest Division | Kodanad | Tel. 0484 2 64 90 52*

HILL PALACE MUSEUM TRIPUNITHURA (150 A4) *(D11)*
Aus der einstigen Residenz des Königs von Cochin wurde das größte ethnoarchäologische Museum Keralas. Der Palast, 1865 auf einem Hügel gebaut, besteht aus 49 Gebäuden. Die Ausstellungsstücke in 18 Galerien zeigen unter anderem den Königsthron, die Krone, Gemälde des Herrschers, Schnitzereien aus dem 14. Jh., Schmuck, Porzellan und alte Musikinstrumente. *Di–So 9–12.30 u. 14–16.30 Uhr | 20 Rps. 10 km südöstl.*

MARARI BEACH ★ (150 A5) *(D12)*
70 km südlich von Kochi liegt der schönste Strand von Kerala – Marari Beach an der sogenannten Gewürzküste. Noch kaum vom Tourismus entdeckt, ist das Bilderbuchidyll aus feinstem Sand, Pal-

menhainen und kleinen Fischerdörfern mit Palmhütten der ideale Ort zum Abschalten. Harmonisch fügt sich das *Hotel Marari Beach (Mararikulam, Alappuzha | Tel. 0478 2 86 38 01 | www.cghearth.com | €€)* mit seinen 52 Kerala-Bungalows in die Landschaft ein. Zwischen einigen der insgesamt 3000 Palmen der Anlage schaukeln Hängematten, ökologisches Gemüse und Obst werden zum Eigenverbrauch angebaut.

MUNNAR ★ (150 B4) (*E11*)

Die *Kanan Devan Hills* werden wegen ihrer Hochlandvegetation häufig als das Schottland von Indien bezeichnet. Auf 1600 m Höhe liegt der hübsche Bergort Munnar (40 000 Ew.) zwischen den drei Flüssen Mudrapuzha, Nallathanni und Kundala. In der Kolonialzeit suchten die Briten dort Abkühlung. Munnar hat auch den höchsten Gipfel Südindiens, den 2695 m hohen Anamudi, der wegen seiner sensiblen Biosphäre leider nicht begehbar ist. Kilometerweit wellen sich grüne Teeplantagen über die Hügel. 50 t werden dort täglich geerntet. Das *Tea Museum (tgl. 10–16.30 Uhr | 100 Rps.)* zeigt die Verarbeitung des Tees und einen Film über seine Geschichte; dort gibt es auch Tee frisch ab Fabrik günstig zu kaufen. Der Besuch einer Teeplantage kann über das *Tourist Office (Main Rd. | Tel. 04865 23 15 16)* arrangiert werden. Die öffentlichen Wege durch die hügeligen Plantagen sind für Wanderungen bestens geeignet. Ein lohnendes Ziel sind die *Athukad-Wasserfälle*, 8 km von Munnar, bei der Schlucht bei Pallivasal. Während des Monsuns bevölkern wahre Vogelkolonien die Fälle. Der Weg führt auch am Aussichtspunkt *Pothamedu* (6 km von Munnar) vorbei. Er bietet den besten Blick auf die grünen Wogen aus geometrisch angeordneten Teebüschen. 7 km von Munnar entfernt liegt *Devikulam*, ein idyllischer, kleiner Bergort. Am Ufer des Sita-Devi-Sees ist

Viel Mühe für ein kleines Tässchen: Tee wird noch immer aufwendig per Hand geerntet

INSIDER TIPP die Blumenwiese ein herrlicher Picknickplatz. Ein weiteres Wanderziel liegt 10 km entfernt: *Yaymakad,* ein wunderschönes Gebiet voller Wasserfälle, die teilweise bis zu 160 m in die Tiefe stürzen.

Zu einer Kaffeeplantage gehört das Hotel *Windermere Estate (Poathamedu, Munnar | www.windermeremunnar.com | Tel. 0486 23 05 12 | €€–€€€)* mit dem 360-Grad-Panorama über die Gipfel der Western Ghats. Verschiedene exklusive Gartenvillen mit 21 sehr geschmackvoll eingerichteten Zimmern fügen sich harmonisch in die spektakuläre Landschaft ein. Eine ungewöhnliche Unterkunft bietet das INSIDER TIPP *Munnar Rock Resort (2nd Mile, Pallivasal, Munnar | Tel. 04865 21 60 76 | www.munnarrock.com | €€)*, das wie ein Baumhaus hoch auf einem riesigen Felsen thront. Auf dem Gipfel gibt es nur zwei Zimmer, am Fuß des Felsens noch sechs weitere. *130 km östl.*

PERIYAR WILDLIFE SANCTUARY ★

(150 B4) *(E12)*

Auf einer Höhe von 900–1800 m und gut per Bus zu erreichen erstreckt sich das 777 km² große Periyar Wildlife Sanctuary *(tgl. 7–17 Uhr | Eintritt 300 Rps.)*. 1978 wurde es zum Tigerreservat erklärt. Auf Bootstouren über den Periyar-See, die von Thekkady aus organisiert werden, können Sie ganze Herden badender Elefanten beobachten. Buchung über die *Tiger Reserve Organisation (Ambady Junction, Lake Rd., Thekkady | Tel. 04869 22 45 71)* oder im gleichen Gebäude über das *Forest Information and Reservation Centre (Tel. 04869 68 55 36)*. Es gibt viele verschiedene Programme: z. B. Wanderungen für 400 Rps., *Periyar Tiger Trail* (Trekking und Camping) für 4000 Rps., *Bamboo Rafting* kostet 1300 Rps. pro Person. Weitere Infos: *Tourism Information Thekkady | Junction in Kumily | Tel. 0486 2 33 60 | www.periyartigerreserve.org.*

Es empfiehlt sich, in Thekkady zu übernachten. Die 55 mit Elefantengras gedeckten Cottages des INSIDER TIPP *Spice Village (Tel. 04869 22 45 14 | www.cghearth.com/spice-village | €€–€€€)* in einer rund 6 ha großen Gartenanlage sind wie das Dorf eines Bergstamms angelegt. Ein Ranger zeigt in einer Liveshow *(tgl. 19.30–21.30 Uhr)* das Leben der Wildtiere fast vor der Tür, in Kochkursen wird mit natürlicher Küche bekannt gemacht. Nach dem Motto *Erlebnisse statt Luxus* werden Trekking- und Bootstouren im Periyar-Nationalpark sowie Besuche von Gewürzfarmen angeboten *(s. S. 117)*. Außerdem: Pool, Ayurveda. Wegen des vorbildlichen Umgangs mit natürlichen Ressourcen (eigenes Papierrecycling, organischer Gemüseanbau, kein TV, keine Klimaanlage) hat die Lodge bereits zahlreiche Auszeichnungen bekommen.

Das Bed & Breakfast *The Wildernest (Thekkady Rd. | Tel. 04869 22 40 30 | www.wildernest-kerala.com | €–€€)* ist mit natürlichen Materialien ausgestattet, hat 10 helle, ansprechende Zimmern, wahlweise mit Balkon oder kleinem Garten. Das üppige Frühstück reicht eigentlich für den ganzen Tag. *185 km südöstl.*

THRISSUR (TRICHUR)

(150 A3) *(D11)*

Aufgrund ihrer reichen Geschichte und der architektonischen Meisterleistungen wird „die Stadt von Lord Shiva" als kulturelle Hauptstadt von Kerala bezeichnet. Über Jahrhunderte gehörte Thrissur (849 000 Ew.) zum Königshaus von Kochi. Viele Herrscher und Dynastien, aber auch Kolonialmächte wie Holland und Großbritannien waren am politischen und kulturellen Wachstum der Stadt und ihrer Region beteiligt. Das

Einer schöner als der andere: Elefantenparade zum Pooram-Festival am Vadakkunatha-Tempel

bezeugen prächtige Tempel und bemerkenswerte Kirchen.

Malerisch auf einem Hügel, umgeben von vier *gopurams* (Tempeltürme), steht der *Vadakkunatha-Tempel (tgl. 4–10.30 u. 17–20.30 Uhr)* aus dem 12. Jh. Die Tempelwände sind mit exquisiten Malereien verziert, das Holzgebälk mit schönen Schnitzereien versehen. Er ist auch Ziel des großen Aufmarschs geschmückter Elefanten im April/Mai während des Pooram-Festivals. Allerdings dürfen Nichthindus das Tempelinnere nicht betreten, sondern nur den Hof und den Rundgang entlang der Außenmauer.

Der 30 km nordwestlich von Thrissur gelegene *Guruvayoor-Kshethram-Tempel* ist einer der bekanntesten in Kerala. Neben dem Tempel können Sie im *Guruvayur Devaswom Institute (Mo–Fr 8–16 Uhr)* zuschauen, wie die Kunst der Wandmalerei gelehrt wird.

Weit überragen die Türme der Basilika *Lady of Dolours,* auch Puthan Pally („neue Kirche") genannt, die Stadt. Vom 87 m hohen *Bible Tower (Di–Fr 10–13 u. 14–18, Sa–So 10–13 u. 14–19.30 Uhr | High Rd.)* genießen Sie einen phantastischen Panoramablick. Der strahlend weiße Bau gilt als die größte Kirche Asiens und ist berühmt für seine indogotische Bauweise. Der Grundstein wurde 1929 gelegt, geweiht wurde die Basilika aber erst 1940. Die Kathedrale *Our Lady of Lourdes* dagegen beeindruckt vor allem durch eine unterirdische Kapelle. *50 km nördl.*

KOZHIKODE (CALICUT)

(147 F6) *(D10)* **Am 20. Mai 1498 soll Vasco da Gama seinen Fuß am Kappad Beach auf indischen Boden gesetzt haben. Zumindest behauptet das eine Gedenktafel, die dort aufgestellt wurde.**

Historiker meinen aber, dass er im nahen Panthalayini in Kollam landete. Schon der italienische Weltentdecker Marco Polo pries die Schönheit von Calicut. Heute bietet das *Juwel von Malabar* (430 000 Ew.) eine Mischung aus alten Tempeln, Moscheen, Kirchen, Märkten und Einkaufsstraßen. Herz der Stadt ist der *Mananchira Square,* einst der riesige Innenhof eines Palasts. Jetzt ist der Platz eine grüne Oase mit künstlichem Bach und einer Open-Air-Bühne für Musik und Theater. Im alten Zentrum der City sind noch ein paar Kolonialgebäude zu sehen, ansonsten müssen die schönen, alten Häuser funktionellen Neubauten weichen – die Stadt verliert allmählich ihr Gesicht.

Besonders viel Flair hat Kozhikode am Abend. Dann picknicken Familien auf dem Mananchira-Platz, dann belebt sich auch die 3 km lange Beach Road, etwa 2 km außerhalb der City am Meer, mit Flaneuren und Inlineskatern.

SEHENSWERTES

MISHKAL-MOSCHEE

Diese Moschee hat vor rund 700 Jahren ein arabischer Schiffseigner namens Nakhooda Mishkal auf 24 geschnitzten Säulen bauen lassen. Sie hat insgesamt 47 Türen und besteht hauptsächlich aus Holz. Da das Minarett fehlt und der Eingang wie ein *gopuram*-Turm aussieht, erinnert die Moschee stark an Keralas Tempelarchitektur. *Kuttichari, 2 km außerhalb von Kozhikode*

Hereinspaziert ist hier ganz wörtlich zu nehmen: die Mishkal-Moschee hat 47 Türen

PAZHASSIRAJA MUSEUM

In dem Bungalow der Königsfamilie von Kottayam aus dem Jahr 1812 sind alte Wandgemälde, Bronzen, Münzsammlungen und Geschirr ausgestellt, in der Kunstgalerie nebenan die Sammlungen verschiedener Mitglieder der Königsfamilie. *Di–So 9–13 u. 14–16.30 Uhr | 10 Rps. | East Hill | Karaparambu*

ST.-MARY'S-CSI-KIRCHE

Die größte Basler Missionskirche der Malabar-Region von 1842 wird auch *English Church* genannt. Die *Evangelische Missionsgesellschaft Basel* wurde 1815 gegründet. Zu den wichtigsten Missionsgebieten zählte auch Südindien. Die St. Mary's CSI-Church besitzt die einzige Pfeifenorgel Keralas, ein Geschenk der St.-Ayden's-Kirche in England. *Tgl. 10–13 Uhr | Kannur Rd.*

ESSEN & TRINKEN

DAKSHIN

Dieses äußerst günstige, rein vegetarische Lokal ist die beste Adresse, um sich an *dosas,* Pizzen und einfachen Reisgerichten satt zu essen. *17/43 Mavoor Rd. | Tel. 0495 2722648 | €*

KINGSBAY

Das helle, freundliche Restaurant hat sich auf Fisch und Meeresfrüchte spezialisiert. Besonders junge Leute und Travellers schätzen die unaufgesetzte Atmosphäre und den Blick durch die großen Glasfenster. *1414 Customs Rd. | Tel. 0496 4054422 | €€*

THE PARAGON RESTAURANT

Seafood steht ganz oben auf der Karte in diesem gehobenen Restaurant im Herzen der Stadt. Seit 1939 wird hier die Kunst der authentischen Malabarküche zelebriert wie *Malabar Biryani* oder *Coconut Chili Shrimps.* Dazu werden originelle Mocktails gemixt. *Kannur Rd. | Tel. 0495 67020 | www.paragonrestaurant.net | €€*

EINKAUFEN

Die *SM Street,* eigentlich *Sweet Meat Street,* ist die Geschäftsstraße von Kozhikode. Dort wird alles verkauft, was das Herz des Urlaubers begehrt – trendige Kleidung, moderner Schmuck und lokale Handwerkskunst.

CAPITAL INTERNATIONAL BOOKS

Stundenlang stöbern können Sie in diesem Buchladen. Die Auswahl ist vielschichtig, die Preise für englischsprachige Literatur sehr günstig. Selbst so manchen Titel, der sonst nicht mehr aufzutreiben ist, werden Sie hier vielleicht noch finden. *Mo–Sa 8.30–20, So 9–18 Uhr | 1. Street, Mavoor Rd.*

MALABAR BAKERY

Hier gibt es das beste schwarze *Calicut-Halwa,* eine aus Arabien stammende Süßigkeit, die als Spezialität von Kozhikode gilt. *Kallai Rd., Tali*

NUTAN HANDICRAFTS

Ein gutes Geschäft für Mitbringsel wie handbestickte Stoffe aus Seide und Baumwolle, Götterstatuen und hübsche gewebte Servietten und Tischtücher. *MM Ali Rd., Kairali*

STRÄNDE IN DER UMGEBUNG

BEKAL (147 E5) *(🕮 C9)*

Einsame Strände, Palmenhaine, Bekal Fort – die besterhaltene Festung von Kerala – und sehr ruhig gelegene, neue Resorts: Bekal heißt die neue Ferienregion ganz im Norden Keralas an der Malabarküste, 16 km südlich von Kasaragod und 192 nördlich von Calicut, deren Potential erst kürzlich entdeckt wurde und allmählich erschlossen wird. Das *Fort (tgl. 9–17 Uhr | Eintritt 100 Rp.)* wurde im 17. Jh. gebaut und befindet sich direkt auf der Steilküste über dem Sandstrand. Eine leicht begehbare Rampe führt auf den Aussichtsturm. Der alte *Anjenaya-Tempel* mit seinen Götterbildern im Wandstuck und eine alte Moschee, die von Tipu Sultan gebaut worden sein soll, belegen die Toleranz der verschiedenen Religionen. Das edelste Resort ist das *LaLit (Bevoori Uduma Kasargod | Tel. 04672 237777 | www.thelalit.com | €€€)* am kilometerlangen Strand. Nur 37 Räume sind in den Häusern im Bali-Stil untergebracht, jeder mit variabler Raumaufteilung und eigenem Außen-Whirlpool. Romantische Dinner werden auch auf dem verankerten *Hausboot Kettuvalam (8 Zi.)* arrangiert. Schon fast zuviel Service: Eine Hostess betreut den Gast auf Knopfdruck. Im Spa wird eine Vielzahl von Behandlungen angeboten.

BEYPORE BEACH (147 F6) *(D10)*

Dieser herrliche Sandstrand liegt etwa 10 km südlich von Kozhikode. Er ist berühmt wegen der dort ansässigen Bootswerft, in der seit rund 1500 Jahren die traditionellen *daus* gebaut werden, die vom Strand aus in alle Himmelsrichtungen starten.

KAPPAD BEACH (147 F6) *(D10)*

An diesem palmengesäumten Strand soll Seefahrer Vasco da Gama am 20. Mai 1498 mit seinen drei Schiffen gelandet sein. Auf einem Felsen steht ein kleiner Tempel, der auf über 800 Jahre geschätzt wird. Inzwischen wurde er restauriert und gelb, rot und schwarz angestrichen. Im Inneren des Gebäudes wird eine Plattform *(peeda)* als Sitzplatz von Bhadrakali, einer Verkörperung der Göttin Parvati, verehrt. Da sie viele Waffen bei sich trägt, hängen im Tempel etliche goldene Schwerter mit halbmondförmiger Schneide.

KOZHIKODE BEACH (147 F6) *(D10)*

Er ist berühmt für seine Sonnenuntergänge. Für ein paar Rupien können Sie sich an einem der vielen Stände mit Spezialitäten wie *kallumekaya* (Muscheln) satt essen. Der alte Leuchtturm und zwei Piere, beide über 100 Jahre alt, unterstreichen den ganz besonderen Charme dieses Strands.

Die einen nennen ihn Traumstrand, die anderen Arbeitsplatz: Fischer am Vallikunnu Beach

PADINHAREKARA BEACH

(150 A3) (*D11*)

Am Ende der Tipu Sultan Road bei Ponnani, 50 km südlich von Kozhikode, bietet der Strand einen phantastischen Blick auf die Mündung der Flüsse Bharathapuzha und Tirurpuzha ins Arabische Meer.

INSIDERTIPP VALLIKUNNU BEACH

(147 F6) (*D10*)

Der Traumstrand liegt 27 km südlich von Kozhikode und ist komplett von Palmen gesäumt. Zu Fuß ist von hier das *Vogelschutzgebiet von Kadalundi* zu erreichen.

AM ABEND

CVN KALARI SANGAM

Hier werden Keralas Kampfsportarten gezeigt. Es geht darum, den Angriffen des Gegners mit Schwertern und Stöcken durch akrobatische Übungen möglichst geschickt auszuweichen. *Tgl. 17–19 Uhr | pro Auftritt 200 Rps. | Nadakkavu | Tel. 0495 2 76 82 14 | www.cvnkalari.com*

ÜBERNACHTEN

ALAKAPURI GUEST HOUSE

Das Hotel von 1958 steht in einem Garten voller Blumen, Bäume und einem Lotusteich. Die 40 Zimmer sind geräumig und mit alten Möbeln ausgestattet. Es gibt ein nettes Restaurant und eine Bar. Das Haus gehört zu den besten seiner Kategorie. *Moulana Mohamed Ali Rd., in Bahnhofsnähe | Tel. 0495 2 72 34 51 |* €

KADAVU RESORT

Als Ayurveda-Resort hat sich dieses Haus das Green-Leaf-Zertifikat von Kerala verdient. Das typische Keralahaus existiert schon seit dem 11. Jh. und liegt in einem großen Palmengarten direkt an den Backwaters. Von den Balkonen und Terrassen der 97 Zimmer, 6 Suiten und 17 Cottages und von einem der beiden Restaurants, dem *Open-Air-Makkani* am Pool, schauen Sie auf den grün schimmernden Chaliyar River. Ein Arzt überwacht die Ayurveda-Kuren, auf deren Seriosität viel Wert gelegt wird. Außerdem: Yoga, Kochkurse, Hausboot-Touren. *Calicut Bypass Rd., Azhinjilam | Tel. 0483 2 83 00 23 | www.kadavuresorts.com |* €€€

INSIDERTIPP NEELESHWAR HERMITAGE

Der Inbegriff vom Tropenparadies liegt ziemlich versteckt am einsamen Strand, im Palmengarten, wo Hängematten aufgespannt sind, Fasane herumlaufen, Schildkröten aufgezogen werden und ein endloser Pool direkt in den Ozean überzugehen scheint. Die strohgedeckten Cottages im Anti-Plastik-Resort beherbergen 18 Zimmer, das *Priya Spa* bietet Wellness, Ayurveda und Yoga, der Küchenchef gibt Kochkurse. *Ozhinhavalappu, Kasaragod | Tel. 0467 2 28 75 10 | www.neeleshwarhermitage.com |* €€–€€€

OYSTER OPERA RESORT

Benannt nach seinem Besitzer – einem Austernfarmer, der hier noch mit archaischen Methoden fischt, überzeugt das originelle Resort vor allem durch seine bestechende Lage auf einer Landzunge. Die sieben schlichten Bambus-Cottages, Stelzen- und Baumhäuser tragen Namen wie „Muschel", „Auster" und „Shrimp". Ein eigenes Hausboot kreuzt durch die Backwaters. Wenn die Anlage jetzt noch von herumliegenden Plastikflaschen und -tüten befreit würde, könnte man sie fast „öko" nennen. *Tel. 094 47 17 64 65 | www.oysteropera.in |* €

RENAISSANCE COCHIN KAPPAD BEACH RESORT

Die hübsche Anlage liegt in einem Palmengarten mit Pool direkt am Strand.

Jedes der vier Cottages hat vier Zimmer, alle mit Blick aufs Meer. Der ideale Platz für eine Ayurveda-Kur. *Kappad Kannur Rd. | Tel. 0496 2 68 87 77 | www.renaissancekappadbeach.com* | €€–€€€

AUSKUNFT

TOURISTEN-INFORMATION DTPC

Sehr bemüht! *Manachira | Tel. 0495 2 72 00 12*

TOURIST OFFICE

Kozhikode Railway Station | Tel. 0495 2 70 26 06

ZIELE IN DER UMGEBUNG

KANNUR (147 E5) (*🕮 C9*)

Das alte Fort und der Parassinikadavu-Tempel lohnen einen Besuch. 1505 hat der erste portugiesische Vizekönig, Dom Francesco de Almeida, das *St. Angelo Fort (tgl. 8–18 Uhr | Eintritt frei)* strategisch günstig auf einem Felsvorsprung gebaut. Noch heute können Besucher die unterirdischen Gefängnisse sehen, die geheimen Tunnels zur See, eine alte Kapelle und ein paar Kanonen. 18 km nordöstlich steht der *Parassinikadavu Sri Muthappan Temple (tgl. 5–8 u. 16–20 Uhr)* am Ufer des Valapattnam River, ein beliebtes Pilgerziel. Der Legende nach soll hier ein Kind Wunder gewirkt haben. Besucher dürfen sogar das Allerheiligste betreten. Auskunft: *Tourist Office | Thaluk Office Compound | Tel. 0497 2 70 63 36. 90 km nördl.*

INSIDER TIPP MAHÉ (147 F6) (*🕮 C10*)

Die charmante Kleinstadt (45 000 Ew.) schmiegt sich an einen Hügel am Mahé River und besitzt ausgesprochen französisches Flair, das noch aus den Tagen stammt, als sie eine bedeutende Handelsmetropole der Franzosen war. Polizisten tragen nach wie vor rote Kappen wie in Frankreich, Straßen haben französische Namen, viele Menschen sprechen Französisch. Von alten Laternen ist die schöne Promenade am Fluss gesäumt. Eine der ältesten Kirchen in der Region Malabar, die *St. Terasa's Church*, ließ 1736 der italienische Pater Dominic bauen. *65 km nördl.*

INSIDER TIPP WAYANAD (147 F5–6) (*🕮 D10*)

Die Region Wayanad mit dem gleichnamigen Nationalpark (345 km²) *(Eintritt 100 Rps.)* in den Niligiri Mountains, 105 km nordöstl. von Kozhikode, wird erst jetzt entdeckt. Noch gibt es keinen Massenandrang. Nur wenige Naturliebhaber besichtigen die Berghöhlen, trekken im Dschungel und staunen über die Vielfalt an exotischem Wildlife. Oder lernen die *Adivasis* kennen – einen fast unberührten Bergstamm – und feiern mit ihnen den Monsun beim Festival ● *Monsoon Splash* in Kalpetta – mit Schlammfußball, Krabbenrennen, Ochsenkarren- oder Floßfahrten. Weitere Infos: *Wayanad Tourism Organisation | Tel 04936 25 53 08 | www.wayanadtourism.org*

THIRUVANANTHAPURAM (TRIVANDRUM)

KARTE IM HINTEREN UMSCHLAG
(150 B6) (*🕮 E13*) **Prächtige Kolonialgebäude prägen das Bild der 785 000 Einwohner zählenden Hauptstadt von Kerala, Thiruvananthapuram.** Wie Rom wurde die „Stadt der heiligen Schlange" auf sieben Hügeln gebaut.

WOHIN ZUERST?

East Fort/Museum Square: Per Bus 581 und 609 (orange) erreichen Sie East Fort, die Nr. 5 und 8 fahren zum Museum Square. Beide Punkte verbindet die *Mahatma Ghandi Road.* Vom East Fort westlich des Bahnhofs aus sind Sie zu Fuß schnell beim Sri-Padmanabha-Swamy-Tempel und auf dem Chalai-Basar. Um den Museum Square gruppieren sich z. B. Napier und Kerala Museum sowie Galerien. Auch der Zoo liegt in der Nähe.

Rote Ziegeldächer, moderne Geschäfte und kleine Cafés verstärken den europäischen Eindruck. Außerdem ist das einstige Trivandrum ein wichtiger Ausgangspunkt zum beliebtesten Strand Keralas, dem Kovalam Beach. Er liegt 16 km südlich und ist per Bus oder Motorrikscha gut erreichbar.

SEHENSWERTES

KUTHIRAMALIKA-PALAST

Dieser zweistöckige Palast mit mehr als 80 Räumen ist auch unter dem Namen *Puthen Mailika* bekannt. Er wurde 1844 für den Maharaja Swathi Thirunal im typischen Kerala-Stil gebaut, mit prächtigen Schnitzereien und lebensgroßen Figuren. Einige Teile wurden in ein Museum umgewandelt. Herausragend sind der 140 Jahre alte Elfenbeinthron und holzgeschnitzte Pferde an der oberen Brüstung sowie Sänften, Waffen und Kathakali-Bilder in Lebensgröße. *Di–So 8.30–12.30 u. 15–16.45 Uhr | 35 Rps. | East Fort*

NAPIER MUSEUM

Auch als *Thiruvananthapuram Museum* bekannt. Schon der Bau im rot-weißen indosarazenischem Stil aus dem 19. Jh. ist beeindruckend. Er beherbergt eine große Sammlung südindischer Kunst

Eine echte Herausforderung für alle Sinne: Alltagsleben in Trivandrums Straßen

wie Statuen aus Bronze und Holz vom 11.–18. Jh., Schmuck aus dem 10.–14. Jh., einen Tempelwagen aus Rosenholz mit geschnitzten mythologischen Figuren von 1847 und die Nachbildung eines typischen Kerala-Hauses. *Tgl. 10–17 Uhr | 25 Rps. | Public Park*

INSIDER TIPP PAZHAVANGADI-GANAPATHY-TEMPEL

Jeden Morgen, zu unterschiedlichen Uhrzeiten je nach Jahreszeit, kommen Hunderte von Hindus und zerbrechen zwischen 20 000 und 30 000 Kokosnüsse im Innenhof des schwarzen Steintempels als Opfergabe für den elefantenköpfigen Gott Ganesha. Der Hof hallt wider vom lauten Gemurmel wie von einem Bienenschwarm, denn beim Zerbrechen der Kokosnüsse sprechen die Gläubigen ein Gebet. Die hiesige Statue von *Lord Ganapathy* (Ganesha) wird deshalb so stark verehrt, weil das rechte Bein des Gottes anders als sonst üblich wie zum Lotossitz angewinkelt ist. *East Fort*

SRI CHITRA ART GALLERY

Sie befindet sich gegenüber dem Napier Museum und stellt unter anderen Bilder des Malers Raja Rai Varma (1848–1906) aus, detailgetreuer Interpret von Szenen aus den religiösen Epen Mahabharata und Ramayana. Außerdem gibt es exquisite Werke der Rajputen und Moguln zu sehen, zwei Volksgruppen, die in Mittelalter und Neuzeit einen großen Einfluss auf die Kultur Indiens ausübten. *Di–So 10–16.45 Uhr, Mi nur nachmittags | 30 Rps. | Public Park*

SRI-PADMANABHA-SWAMY-TEMPEL

Im Juni 2011 wurde dieser Tempel plötzlich über Nacht berühmt, weil in zwei von sechs unterirdischen Kammern, die 130 Jahre lang verschlossen waren, ein Schatz von umgerechnet rund 8–10 Mrd. Euro (!) gefunden wurde – einstige Spenden von Gläubigen in Form von Diamanten, Rubinen, Smaragden, Gold und Silber. Der Tempel aus dem 17. Jh. ist dem Gott Vishnu geweiht. Sein 17 m hoher Eingangsturm ist weithin sichtbar. Nichthindus dürfen den heiligen Tempel nur von außen bewundern. Doch zweimal im Jahr gibt es für alle Gelegenheit, die vergoldete Statue von Sri Padmanabha, einer Verkörperung von Vishnu, zu sehen: im März/April und im Oktober/November, wenn sie zum rituellen Bad ans Meer gebracht wird. *Am südlichen Ende der MG Rd.*

ZOO

Der große Park wurde vom Maharaja von Travancore als einer der ersten zoologischen Gärten Indiens 1859 eröffnet. Angelegt wie ein botanischer Garten, gilt er wegen der vielen Bäume, Seen und Grasflächen als der artgerechteste im Land. Ingesamt 75 Tierarten fühlen sich hier zu Hause, darunter auch seltene Spezies wie der bengalische Tiger und der asiatische Löwe. *Di–So 9–18.15 Uhr | 10 Rps., Kamera 10 Rps., Videokamera 100 Rps. | PMG Junction*

ESSEN & TRINKEN

INSIDER TIPP ARYA NIVAS

Bestes vegetarisches Restaurant der Stadt für südindische Spezialitäten, aber auch für *panjabi*-Gerichte, *tandooris* und köstliche *dosas*. *Im Hotel Arya Nivas, direkt am Bahnhof | Tel. 0484 2 38 10 38 | €*

KALAVARA

Mitten im Trubel von Trivandrum wirkt das dreistöckige Restaurant wie eine Oase der Ruhe. Außer auf indische und europäische Gerichte ist das Restaurant auch auf chinesisches Essen spezialisiert. Am schönsten sitzt man unter den Sonnenschirmen auf der Dachterrasse. *Press Rd. | Tel. 0471 2 33 13 62 | €€*

EINKAUFEN

An der Haupteinkaufsstraße *MG Road* liegen auch der *Chalai Bazaar* und der *Connemara Market,* wo es fangfrischen Fisch (nur morgens), Obst, Gemüse und Gewürze, aber auch wunderbare Stoffe, Goldschmuck und sogar Gepäckstücke zu kaufen gibt (unbedingt feilschen!).

KRISHNAN NAIR & SONS

Was Schmuck und Uhren anbelangt, gehen Sie hier auf Nummer sicher. Der Traditionsjuwelier hat seinen guten Namen bereits seit 1911. *Padmavilasom Rd., Fort | www.krishnannairandsons.com*

S. M. S. M. HANDICRAFT EMPORIUM

Eines der am besten sortierten Kunstgewerbe-, Schmuck- und Stoffgeschäfte mit festen Preisen. *Puthenchanthai*

STRÄNDE IN DER UMGEBUNG

KOVALAM BEACH (150 B6) *(🕮 E13)*

Er gilt als Keralas wichtigster Strand und liegt 16 km südlich von Trivandrum. Kovalam besteht aus einem kleinen Ort und drei aneinandergereihten Buchten, die von ungewöhnlichen Felsformationen geprägt sind – Lighthouse, Hawah und Samudra Beach. Der südlichste Teil, *Lighthouse Beach,* ist nach dem 35 m hohen Leuchtturm auf dem Kurumkal Hill benannt. Viele Verkaufsstände mit bunten Hippieklamotten, Fast Food und Massage-Angeboten säumen vor allem den *Hawah-Strand.* Allerdings sind Lighthouse und Hawah Beach seit ein paar Jahren nicht mehr besonders sauber. Die erste Reihe der frisch gerichteten Uferpromenade ist fast lückenlos mit Shops und Hotels zugepflastert. Der Anblick von Fischern, die abends ihre Boote an langen Tauen an Land ziehen, entschädigt.

Kontrastprogramm südlich der Hauptstadt Keralas: Der Kovalam Beach besteht aus drei Buchten

Zum Übernachten empfiehlt sich *The Leela Kovalam (Tel. 0471 2 48 01 01 | www.theleela.com | €€€)*. Die weitläufige Anlage mit insgesamt 186 Zimmern ist terrassenförmig über einen Hang hinab bis ans Meer gebaut. Das Resort hat zwei Infinity Pools, sieben Restaurants und ein großes Spa. Das *Thapovan Resort (Nellikunnu, Mulloor | Tel. 0471 2 48 04 53 | www.thapovan.com | €€)* mit 31 Zimmern in kleinen Bungalows zieht sich über einen hangförmigen Garten bis zum Nellikunnu-Strand. Es hat sich einen Namen gemacht als Ayurveda-Resort. Das obere der beiden Restaurants bietet ein phantastisches Panorama aufs Meer. Es wird sehr persönlich geführt vom deutschen Inhaber Andreas Heitmann, der seine Gäste gern zu echten Einheimischen-Tipps entführt wie etwa zum Foodfestival im Nachbardorf, zu Tempelfesten und Kulturausflügen, die nicht mehr kosten als die Taxifahrt ... Unbezahlbar ist der Blick von der INSIDER TIPP Terrasse des *Rock Holm Hotels (Light House Rd., Vizhinja | Tel. 0471 2 48 03 06 | www.rockholm.com | €)* auf den Leuchtturm und die tief darunterliegende Palmenbucht. Spezialität: *fish molee,* ein Fischcurry mit Kokosreis. Kein Alkohol! Das trendigste Lokal ist das *Fusion (Lighthouse Beach | Tel. 0471 2 48 01 79 | €–€€)*, das drei Küchenoptionen anbietet: Eastern, Western und eben Fusion, also den Mix verschiedener Einflüsse. In den Bars und Restaurants direkt an der Strandpromenade von Kovalam ist abends einiges los. Gute Livemusik wird im offenen *Beatles Restaurant (Tel. 0471 2 48 31 56 | €€)* gespielt. Heißhunger auf deutsches Gebäck? Dann ist *The German Bakery (Light House Beach | Tel. 0471 2 48 01 79)* die richtige Adresse – vor allem zum Frühstück auf der Terrasse. Obwohl es sich nicht um eine Bäckerei, sondern um ein Restaurant handelt, werden dort leckere Kuchen, Waffeln und Pfannkuchen serviert. Gratis dazu der freie Blick aufs Meer.

LOW BUDG€T

▶ Die günstigste und spannendste Art, Kerala und seine Bewohner kennenzulernen, sind *homestays*, also private Unterkünfte: Ausflüge unternehmen, authentisches Essen gemeinsam genießen, Tipps der Einheimischen bekommen. Adressen gibt es in den lokalen *tourist offices* oder unter *www.keralahomestays.com.*

▶ Viel, viel preiswerter als per Hausboot wird die Entdeckung der Backwaters *(s. S. 72)* mit den öffentlichen Fähren. Sie pendeln regelmäßig zwischen Alappuzha, Kollam und Kottayam. Die 2,5-stündige Fahrt zwischen Alappuzha und Kottayam führt zum Beispiel über den artenreichen Vembanad-See und kostet nur 12 Rps. Die öffentlichen Fähren verkehren tgl. zwischen 7.30 und 17.30 Uhr.

VARKALA ★ (150 B5) *(E13)*

Zu Füßen der roten Klippen zieht sich gut einen Kilometer lang der *Panasam-Strand.* Er ist weit weniger überlaufen als der Kovalam Beach. Allerdings stoßen in Varkala Welten aufeinander: Einerseits die Bikiniträgerinnen, die sich locker über das Oben-Ohne-Verbot hinwegsetzen, andererseits ● die gläubigen Hindus, die frühmorgens im Beisein weiß gekleideter Priester am südlichen Ende des Strands fünf Tage nach dem Tod Zeremonien für ihre verstorbenen Angehörigen abhalten und dann die geweihte Asche im Meer verstreuen. Im Teich des

Janardhanaswamy-Tempels nehmen sie danach ein spirituell reinigendes Bad. 60 Stufen führen zum 2000 Jahre alten Tempel, dessen Sanktum Nichthindus jedoch nicht betreten dürfen.

Hotspot für Urlauber, Aussteiger und Backpackers ist der ● *Weg auf dem* nur Kaltwasser. Beim *Akhil Beach Resort (Papanasam Cliff | Tel. 098 95 27 09 93 | www.akhilbeachresort.com | €€)* liegen die elf Deluxe-Cottages sowie sechs Zimmer im Hauptgebäude mitten in einem grünen Garten. Außerdem: Ayurveda, Yoga, Meditation.

Das viel besuchte Varkala ist ein gutes Pflaster für Straßenhandwerker und -händler

Kliff, an dem sich eine Unterkunft an die andere reiht, wo mit heißer Nadel genähte bunte Klamotten vor den vielen Läden im Wind wehen, an jeder Ecke Ayurveda angeboten wird und vor den Cafés, Bars und Restaurants die Stühle zum Sonnenaufgang reihenweise Richtung Meer gedreht werden. Ständig wird der Kliffweg verlängert, um weitere Resorts zu bauen. Schließlich genießt man von hier oben die beste Aussicht. Z. B. das *Kerala Bamboo House (Papanasam Cliff, Kurakkani | Tel. 098 95 27 09 93 | www.kerala bamboohouse.in | €),* dessen 21 Hütten wie das Ayurveda Centre von Waldarbeitern komplett aus Materialien aus dem Wald hergestellt wurden. Nachteil:

Unterhalb des Kliffs, direkt am Südstrand, liegt das *Hindustan Beach Retreat (Papanasam Beach | Tel. 0470 2 60 42 54 | www.hindustanbeachretreat.com | €€),* das auch Pilgern als Unterkunft dient. Auch hier haben Sie vom Restaurant auf der Dachterrasse und allen 27 Zimmern wie 3 Suiten einen herrlichen Blick aufs Meer. Es gibt einen Pool sowie Ayurveda-Behandlungen und Yoga. Etwas abseits vom Strand bietet das *Eden Garden Ayurvedic Retreat (Papanasam Beach | Tel. 0470 2 60 39 10 | www.edengarden.in | €–€€)* zahlreiche Behandlungen an. Die roten Häuser mit zwölf Zimmern liegen unter Palmen an einem Fischteich. *50 km nordwestl.*

AM ABEND

NEERA BAR

Das Beste an diesem Lokal ist der sagenhafte Blick aufs Meer! Dazu werden Ihnen exotische Cocktails gemixt und gute Weine ausgeschenkt, außerdem Snacks wie Sushi und Tapas gereicht. Es gibt lediglich knapp 30 Plätze, die Lounge-Atmosphäre wird durch entsprechende Musik und Bar Billard unterstrichen. Raucher gehen auf die angrenzende Terrasse. *Tgl. 11–23 Uhr | Kovalam | Vivanta by Taj Hotel | G.V. Raja Vattappara Rd. | Tel. 0471 6 6130 00*

ÜBERNACHTEN

NANDANAM PARK

Dieses neue Hotel ist angenehm hell, mit klaren Linien in der Einrichtung – auch der 32 Zimmer, zwei Restaurants und des luftigen Cafés auf der Dachterrasse mit Blick über die Stadt. Das moderne Haus liegt im Herzen der City, nur 1 km vom Bahnhof entfernt. *Nandavanam Rd., gegenüber dem A. R. Police Camp, Palayam | Tel. 0471 2 33 66 11 | www.nandanampark.com | €*

RESIDENCY TOWER

Das weiße Gebäude im Herzen der City erinnert an Miami. Die 63 Zimmer sind hell und modern, es gibt einen Pool sowie ein Dachterrassen-Restaurant. *Press Rd. | Tel. 0471 2 33 16 61 | www.residencytower.com | €€*

THAMBURU INTERNATIONAL

Obwohl dieses moderne Hotel dem Bahnhof von Trivandrum direkt gegenüberliegt, ist es sehr ruhig. Es verfügt über 35 Zimmer, ein gutes Restaurant und eine angenehme Lobby. *Aristo Junction | Tel. 0471 2 32 19 74 | www.thamburu.com | €€*

AUSKUNFT

TOURIST INFORMATION CENTRE

Park View, beim Museum | Tel. 0471 2 32 11 32 | www.keralatourism.org

TOURIST FACILITATION CENTRE

Im Guest House Compound, bei der Busstation, Kovalam | Tel. 0471 2 48 00 85

ZIELE IN DER UMGEBUNG

KOLLAM (QUILON) ★

(150 B5) (*D12*)

Kollam hat 361 000 Ew. und liegt zwischen dem Meer und dem 16 km langen Ashtamudi-See, dem Tor zu den Backwaters. Die Architektur ist geprägt von typischen Kerala-Holzhäusern mit roten Ziegeldächern. Kollam ist auch bekannt für die Verarbeitung von Cashewnüssen. In der Alumkadavu-Bootswerft werden die großen Hausboote gebaut. An vielen Stellen des Orts verarbeitet man Kokosfasern zu Matten und Seilen. In der Nähe liegt auch der berühmte *Amritapuri-Aschram (s. S. 22)* von Mata Amritanandamayi *(Info-Tel. 0476 3 24 10 64 | www.amma.de oder www.amritapuri.org)*.

KONNI (150 B5) (*E12*)

Etwa 68 km nördlich von Thiruvananthapuram liegt das kleine Örtchen Konni bei Pathanamthitta. Für Tierliebhaber lohnt sich die Fahrt wegen des *Elefanten-Trainingszentrums (tgl. 10–17.30 Uhr | 60 Rps.)*. Es wurde bereits 1941 eingerichtet und ist das älteste in Indien. In riesigen Holzställen werden Dickhäuter untergebracht, die von der Herde verlassen oder verwundet gefunden wurden. Besucher dürfen beim Bad im Achankovil River zuschauen und auch einen Ritt wagen. Neuerdings ist im Camp auch ein Schmetterlingsmuseum untergebracht. Nur einen Kilometer entfernt liegt das elegante *Con-*

tour Jungle Resort (Tel. 0468 2 24 97 49 | www.contourjungle.com | €€€). Es verfügt über 14 Zimmer in Cottages.

NEYYAR SANCTUARY
(150 B–C6) (🕮 E13)

Wegen des abwechslungsreichen Geländes aus Wildbächen, Hängen und Wiesen ist der Wildpark ideal zum Trekking bis auf den 1868 m hohen *Agashthyamala Peak* (je nach Kondition 3–4 Std.). Trekking-Pässe werden vom *Kerala Forestry & Wildlife Department (Tel. 00261 22 71 43 | www.keralaforest.org)* nur im Januar/Februar ausgestellt. In dem dschungelähnlichen 120 km² großen Park rund um den Neyyar-Stausee sind Elefanten, Muntjaks und Bergziegen zu Hause. *100 Rps., Jeepsafaris 250 Rps., pro Jeep plus 10 Rps. für den Guide | Infobüro am Eingang | Tel. 0471 2 36 07 62. 30 km östl.*

PONMUDI (150 B6) *(🕮 E13)*

61 km nordöstlich von Trivandrum liegt der idyllische Bergort auf 915 m. Er eignet sich wunderbar für ausgedehnte, leichte Wanderungen vorbei an sprudelnden Quellen und wilden Orchideen. Viele gewundene Wege führen auch durch Tee- und Gummiplantagen, einer zum 15 km entfernten *Meenmutti-Wasserfall,* wo der *Kallar River* in die Tiefe stürzt. Zum Übernachten empfiehlt sich das *Ponmudi Tourist Resort (Tel. 0472 2 89 02 30 | €)* mit 24 Zimmern und zehn Cottages. Es liegt in einem gepflegten Garten zwischen bewaldeten Hügeln. Das Restaurant ist rein vegetarisch, immerhin wird Bier ausgeschenkt.

POOVAR ISLAND ☺ (150 B6) *(🕮 E13)*

Die paradiesische Insel liegt zwischen den Backwaters und dem offenen Meer. Zwar setzen Boote zur vorgelagerten Sandbank über, Baden im Meer ist wegen der starken Strömung aber nicht erlaubt. Dafür bieten zwei Resorts in totaler Abgeschiedenheit ein Maximum an Erholung. Beide sind auf Ayurveda spezialisiert. Das *Poovar Island Resort (Tel. 0471 2 57 36 49 | www.poovarislandresort.com | €€)* ermöglicht zudem Behandlungen durch einen eigenen Zahnarzt. Auf

In einer Gummiplantage von Ponmudi

25 ha verteilen sich 78 Räume in Villen und 16 Over-Water-Bungalows. Außerdem: zwei Pools, Schönheitssalon, keine Autos, kein Plastik, Biogas, Solarenergie. Green-Leaf-Auszeichnung.

Auf dem Nachbargrundstück steht das *Estuary Island Resort (www.estuaryisland.com | €€)* auf 15 ha mit 71 Zimmern in Cottages und im dreistöckigen Hauptgebäude. Dazu ein Pool und Ayurveda Centre. *12 km südl.*

BACKWATERS

Der Höhepunkt Keralas sind die ★ *Backwaters* – ein Netz aus rund 1900 km Kanälen, die sich an manchen Stellen zu großen Seen ausdehnen. Als „Venedig von Kerala" gilt der Distrikt *Alappuzha* (Alleppey). Dort ankern die großen ● Hausboote aus Holz und Kokostauen, die den alten Reisbooten nachempfunden sind. Die Hauptrouten liegen zwischen *Kollam* (Quilon) und Alappuzha, Hochburg der Backwater-Touren. Zum Reinschnuppern können Sie auch eine der öffentlichen Fähren nehmen *(s. S. 68)*.

Schon eine mehrstündige Kanalfahrt mit einem Motorboot vermittelt einen guten Eindruck von der verzauberten Wasserwelt der Backwaters mit ihrer beeindruckenden Flora und Fauna. Manchmal weiten sie sich zu großen Seen wie dem Ashtamudi-, dem Kayamkulam- und dem Vembanad-See. Und manchmal verengen sich die Kanäle wie bei Trikunnipuzha so stark, dass man mit den Händen die Palmblätter am Ufer greifen kann.

Die Backwaters ziehen sich als Lebensadern durch Dörfer, Reisfelder, Palmenhaine. Kanus kreuzen den Weg der Ausflugsboote, beladen mit Gemüse, *tapioca*, Areca- und Cashewnüssen. Oft laufen winkende Kinder eine Teilstrecke am Ufer mit. Häufig sind Seile zwischen den Palmen gespannt, auf denen die *toddytapper* entlangbalancieren, um frisch gegorenen Kokossaft zu zapfen. Meist halten Haus- und Motorboote, um an einer der kleinen *toddybars* einen Schluck zu probieren. Dazu ein Stück gebratenen *karimeen,* den Fisch aus den Backwaters. Aus Hindutempeln klingen Gesänge, und auf der kleinen Insel Pathiramanal zwischen Thaneermukkom und Kumarakom hocken Tausende Zugvögel auf den Ästen der Bäume.

HAUSBOOTTOUREN

Die heutigen Hausboote sind umfunktionierte *kettuvalloms,* Transportboote, mit denen Menschen und Material, Reis und Gewürze zum Hafen von Kochi gebracht wurden. *Kettu* bedeutet nähen, *vallom* heißt Boot; die Bootsbauer benutzen nur Holz und Kokosschnüre, keinen einzigen Nagel. Es ist eine Kunst, durch die engen Kanäle zu navigieren, oft werden dabei meterlange Stangen eingesetzt. Mit mehreren geschlossenen Kabinen, Dusche/WC, Essraum und Sonnendeck bieten die umgerüsteten Boote den Touristen heute viel Komfort. Sie können mehrere Tage

Leben auf dem Wasser: Im Labyrinth verwunschener Seen und Kanäle einfach die Zeit vorbeifließen lassen

durch die Backwaters schippern; ein Koch sorgt für Ihre Verpflegung. Leider kam es in den letzten Jahren zu einer Inflation der Hausboote, über tausend bevölkern inzwischen die Backwaters – von über 50 Anbietern. Für Laien ist es nicht einfach, die Qualitätsunterschiede herauszufinden. Entweder buchen Sie die Tour schon von Deutschland aus über einen Spezialveranstalter, über einen guten Agenten in Indien oder über das *Tourist Office* in Alappuzha und Kollam. Auf Nummer sicher gehen Sie auch, wenn Sie die Tour über ein gutes Hotel arrangieren, das ein eigenes Hausboot besitzt.

TAGESTOUREN

Eine Tagestour lässt sich auch mit dem Hausboot unternehmen und kostet zwischen 3000 und 7000 Rps. pro Boot. Z. B. beim größten Anbieter *Rainbow Cruises (Tel. 0477 2 26 13 75 | www.rainbowcruises.in)*, der – wie auch einige andere – die Dorfbewohner zu mehr Umweltbewusstsein anzuregen versucht. Für eine Fahrt mit dem Motorboot rechnet man ca. 300 Rps. pro Person und Stunde.

Kollam–Alappuzha-Touren starten täglich um 10.30 Uhr vom Anleger, Fahrten zu den Dörfern auf einem *Country Boot* werden täglich von 9–13 und 14–18 Uhr angeboten. Info: *DTPC Tourist Information Office | KSRTC Bus Stand, Kollam*
In der Gegenrichtung, von Alappuzha nach Kollam, gibt es ebenfalls tägliche Touren: Die Backwater-Kreuzfahrt dauert 8 Stunden und kostet 300 Rps. pro Person *(10.30 Uhr ab DTPC-Anleger)*; von Alappuzha nach Kumarakom geht es täglich um 11 Uhr vom DTPC-Anleger *(150 Rps., mind. 10 Personen)*. Oder Sie chartern ein Ruderboot für eine Dorftour *(150 Rps. pro Stunde/Person)*. Auskunft: *The Administrative Office DTPC (beim Bootsanleger, Alappuzha | Tel. 0477 2 25 33 08 | www.dtpcalappuzha.com)* oder *Tourist Reception Centre DTPC (bei der KSRTC-Busstation, Alappuzha | Tel. 0477 2 25 17 96)*.

KARNATAKA

Architektonische Juwelen und historische Anlagen wohin auch immer Sie den Fuß setzen. Prunkvolle Paläste, üppig verzierte Tempel, mystische Moscheen. Kein indischer Bundesstaat hat eine so reiche Geschichte, kennt so viele schweigende und gleichzeitig sehr beredte Zeitzeugen längst versunkener Kulturen wie Karnataka.

Dabei erfahren die Besucher keine trockene Historie, die sich nur in Museen und als Ruinen präsentiert, sondern lebendige Vergangenheit, greifbar, berührbar – und doch unfassbar. Staunend stehen Sie vor kunstvollen Reliefs aus Stein, die Bilder aus einer Zeit zeichnen, in der auch wir unsere Wurzeln haben; Reliefs voller Götterfiguren, die plastisch aus alten Mauern hervorspringen, Tempeltänzerinnen, die sich graziös zu nie gehörten Melodien bewegen, erotische Darstellungen, die die meist prüden Inder von heute erröten lassen. Nirgendwo sonst in Indien sind feinere Steinmetzarbeiten entstanden. All diese Bilder öffnen das Fenster zu Welten voller Märchen und Mystik – gewissermaßen ein Nachschlagewerk indischer Mythologie. Inbegriff der märchenhaften Pracht alter Fürstenherrlichkeit ist der Maharaja-Palast in Mysore, fast überirdisch entrückt, wenn er nachts angestrahlt wird.

Als ausgesprochenes Badeziel ist Karnataka in der touristischen Landkarte nicht verzeichnet. Obwohl es auch herrliche Strände wie die bekannte Om Bay gibt und eine schillernde Unterwasserwelt, die von Tauchern als Geheimtipp gehandelt

Bild: Bangalore Palace

Antike Stätten und moderne Städte: Zeitreise in Indiens sagenhafte Vergangenheit – und in eine vielversprechende Zukunft

wird. Dafür punktet der 192 000 km² große Bundesstaat mit dem faszinierenden Kaleidoskop seiner Natur: Mit skurrilen Felslandschaften und riesigen Nationalparks voller exotischer Tiere und Pflanzen. In den Wildparks leben die meisten Tiger Indiens sowie ein Viertel aller asiatischen Elefanten der Welt. Dann die verwunschenen Dschungel und hohen Berge der Western Ghats, die sich Hunderte von Kilometern durch Karnataka ziehen. Sie sind ein Eldorado zum Trekken und Felsklettern. Spektakuläre Wasserfälle – die Jog Falls, die im Monsoon zu imposanter Naturgewalt anschwellen. Sattgrüne Teeplantagen, die sich über sanfte Hügel wellen, mit den kolonial geprägten Hill Stations.

Karnataka bietet auch die spannendsten Kontraste. In Bengaluru, früher Bangalore, Indiens Silicon Valley, hat die technologische Zukunft Indiens begonnen. Auch als Zentrum für fachmedizinische Behandlungen, unvergleichlich günstiger sind als in Europa, hat es sich einen Namen gemacht. Andererseits scheint das Rad der Zeit vollkommen stillzustehen, wenn sich irgendwo in der kargen Felslandschaft ein archaischer Ochsenkarren aus dem Dunst schält.

BENGALURU (BANGALORE)

KARTE IM HINTEREN UMSCHLAG (148 C4) (*E8–9*) **Mit ihren Highways und Bürotürmen, mit ihren Parks und dem Botanischen Garten sieht die Gartenstadt (8,5 Mio. Ew.) auf 949 m Höhe sehr europäisch aus. Und doch ist auch hier die indische Vergangenheit spürbar, gibt es Tempel und Museen, die es lohnt zu besichtigen.**

Im Botanischen Garten wird seit dem 18. Jh. exotische Flora gesammelt

Und zwar bei sehr angenehmem Klima zwischen 14 und 33 Grad. Deutlich ist aber auch die geplante Zukunft der IT-Metropole zu sehen, immer weiter dehnt sie sich aus, Baustellen allerorten. Der Straßenverkehr mit seinen ewigen Staus fordert starke Nerven.

> CITY **WOHIN ZUERST?**
> **Cauvery Handicraft Gebäude:** Hier, an der Kreuzung Brigade Road und MG Road, wird Kunsthandwerk verkauft. Es ist bequem vom Busstand *Shivaji Nagar* zu erreichen oder der nahen U-Bahn-Station. Zu Fuß kommen Sie von hier zum Cubbon Park und den Lalbagh Botanical Gardens. Busse verkehren zum Tipu Sultan Palace in Alt-Bangalore, zum Nandi-Bull-Tempel, Bangalore Palace und Government Museum.

SEHENSWERTES

BANGALORE PALACE

Der Königspalast wurde 1887 gebaut und ähnelt mit seinen Türmen und Bögen stark dem Windsor Castle. Da der Maharaja noch heute einige Räume benutzt, wenn er sich in Bangalore aufhält, sind Führungen vorher zu vereinbaren. In dem umliegenden Garten finden häufig Konzerte statt, u. a. sind dort schon die Rolling Stones, Sting, Scorpions und Deep Purple aufgetreten. *So geschl. | 200 Rps., Fotos 500 Rps. | Palace Rd.*

CUBBON PARK

Der schöne Park ist das grüne Herz der Stadt auf 1,3 km². Springbrunnen, Statuen und viele Blumen verleihen ihm Leichtigkeit. Er beherbergt die Staatsbibliothek, das *Government Museum* mit Skulpturen *(4 Rps.)* und die *Venkatappa-Kunstgalerie* mit über 600 Gemälden auf drei Etagen. Außerdem: das *Technological and Indus-*

trial Museum (25 Rps.). Alle geöffnet Di–So 10–17 Uhr | Queen's Street

LALBAGH BOTANICAL GARDENS ★

Auf knapp 1 km² findet sich hier die größte Ansammlung tropischer und subtropischer Pflanzen in Indien, außerdem jahrhundertealte Bäume. Der Garten wurde 1760 angelegt. Im Glashaus, dem Crystal Palace in London nachempfunden, werden am 26. Januar (Nationalfeiertag) und am 15. August (Unabhängigkeitstag) Blumenshows veranstaltet; alle 14 Tage sonntagabends Folkloreshows. *Tgl. 6–19 Uhr | 10 Rps., freier Eintritt 6–9 u. 18–19 Uhr | KH Rd. | www.lalbaghgardens.com*

NANDI-STIER IM BULL TEMPLE

Der Stier Nandi ist das Reittier von Gott Shiva und wird entsprechend verehrt. Das Stiermonument im *Bull Temple* von Bengaluru ist aus grauem Granit, fast 5 m hoch und 6 m lang. Die Statue wird täglich auf Hochglanz poliert, außerdem mit Hunderten von Girlanden bekränzt. *Bull Temple Rd., Basavanagudi*

ESSEN & TRINKEN

BLUE GINGER IM TAJ WEST END ●

Mitten in einem tropischen Garten werden unter dem offenen Strohdach köstliche, authentisch vietnamesische Gerichte serviert, zubereitet von vietnamesischen Köchen. Alleinreisenden Gästen wird ein INSIDER TIPP Goldfisch im Glas als Gesellschafter auf den Tisch gestellt. Gleich nebenan liegt *The Blue Bar*, einer der eleganten Hotspots der City. *Taj West End | 25 Racecourse Rd. | Tel. 080 66 60 56 60 | www.tajhotels.com | €€€*

MR. BEANS – THE COFFEE LOUNGE

Wer auf italienische Kaffeekultur mit Latte Macchiato, Espresso, Cappuccino und 30 verschiedene Eiskaffee-Sorten nicht verzichten mag, ist in der schicken, weißen Villa richtig. Außerdem wird feinster

MARCO POLO HIGHLIGHTS

★ Lalbagh Botanical Gardens
Eine blühende Oase mitten in der Stadt mit duftenden Rosenbeeten und einem Art-déco-Glashaus → S. 77

★ Golden Chariot
In diesem phantastischen Luxuszug ist der Weg so schön wie die Ziele → S. 80

★ Hampi
Einfach magisch: Die alte Tempelanlage mitten zwischen Felsen am Fluss → S. 80

★ Höhlentempel
In den Kulthöhlen von Badami tanzt Gott Shiva gleich 81 verschiedene Figuren → S. 85

★ Gol Gumbaz
Elffaches Echo auf der Flüstergalerie in dem riesigen Mausoleum in Bijapur → S. 86

★ Chennakesava-Tempel
Folgen Sie Tausenden kleiner Figuren auf der Tempel-Fassade in längst versunkene Kulturen → S. 89

★ Om Beach
Gokarna: ein Strand wie ein Segen → S. 89

★ Shravanabelagola
Gigantisch: 17 m hoch ist die Statue von Lord Gomateswara → S. 90

★ Mysore Palace
Mitten in einem Märchen wie aus 1001 Nacht → S. 91

★ Nagarhole National Park
Hautnahe Begegnung mit Tigern und Elefanten → S. 93

indischer Tee serviert. Im stylishen Ambiente schmeckt auch die Shisha mit Fruchtaromen besonders gut. *Koramangala, 3. Block | Tel. 080 41115717 | www.mrbeans.in | €*

MTR (MAVALLI TIFFIN ROOMS)

Tiffin bedeutet Snack, und darauf ist Bengalurus ältestes vegetarisches Restaurant spezialisiert. Es werden aber auch Frühstück, Lunch und Abendessen serviert. Unbedingt probieren sollten Sie *idlis* – köstliche, kleine Pfannkuchen aus Reis und Grieß mit würziger Sauce. Das Ambiente ist mit dunklem Mobiliar wie in den 1920er-Jahren gehalten. *11 Lalbagh Rd., beim Botanischen Garten | Tel. 080 22220022 | €*

ULLA'S REFRESHMENTS

Von der Terrasse im 1. Stock haben Sie einen ausgezeichneten Blick auf das geschäftige Treiben der MG Road. Die vegetarischen Gerichte gibt es hier als Snacks oder aber als komplette Mahlzeit. *MG Rd., Public Utility Bldg. | Tel. 080 25587486 | €€*

EINKAUFEN

COTTAGE CRAFTS EMPORIUM

Hauptsächlich Schmuck, Teppiche und Seide. Inhaber Babloo Jain ermittelt den Glück bringenden Geburtsstein und sagt auch die Zukunft voraus. *122/2 Monarch Chambers, Infantry Rd.*

INSIDER TIPP GANGARAM BOOK STORE

Leseratten werden auf drei Etagen bei Tausenden von Büchern fündig. Das freundliche Personal findet auf Anhieb das gewünschte Buch. Den Shop mit den vielen Schmökerecken gibt es seit über 30 Jahren. Englische Literatur ist um einiges billiger als in Deutschland. *72 MG Rd.*

VIMOR

Einer der besten Sari- und Stoffläden mit handgewebter Baumwolle und Seide. Auch fertige Kleidung wie Schals oder

Globale Vergnügen: Shoppen und Telefonieren gehören zu Bengaluru wie zu jeder City weltweit

Damen-Panjabi-Anzüge mit engen Hosen und langem Hemd sind hier zu bekommen. *3164, S-Skoneria, Kreuzung 1. u. 2. Main, bei Blind Love, ESI-Domlur Service Rd., Indiranagar | www.bandhej.com*

AM ABEND

Die hohe Dichte an Pubs und Bars hat Bengaluru den vielen internationalen Geschäftsleuten zu verdanken. In den Pubs darf aber nur bis 23.30 Uhr Alkohol ausgeschenkt werden.

HARD ROCK CAFÉ

Das 3000 m^2 große Kult-Café ist in drei verschiedene Bereiche aufgeteilt – ein Restaurant mit 100 Plätzen, eine Bar und einen offenen Hof, außerdem einen Rock Shop. Wie alle Hard Rock Cafés der Welt ist auch dieses mit Erinnerungs- und Sammlerstücken von Rocklegenden dekoriert. Mit etwas Glück geben gerade internationale Bands Jam Sessions. *Mo–So 12–23.30 Uhr | 40 St. Marks Rd. | Tel. 080 41 24 22 22*

LOCK & LOAD PUB

Diese Mischung aus Pub, Disko und Bar im Chairman's Resort gehört zu den Top Ten in Bangalore. Alles ist im Wildwest-Stil gehalten, mit Cowboy-Motiven wie aus alten Comicheften, dazu ein riesiger Dancefloor mit ständig wechselnden, farbigen Lichtreflexen und Pferdesätteln als Stühle. Ein DJ sorgt für coole Sounds. *Mo–Sa 11.30–23 Uhr | No. 14/1, Kodigehalli Main Rd., Sahakar Nagar, Hebbal, bei den Twin Towers | www.chairmansresort.com*

SHIRO

Nach Mumbai und Goa hat Shiro als Ort des „Fine Dining and Lounge" nun auch Bangalore im Sturm erobert. Auf drei Ebenen herrscht in dem Restaurant- und Lounge-Komplex Opulenz: Griechische Götterstatuen, Springbrunnen, Buddhastatuen und eine DJ-Konsole in luftiger Höhe. Und ganz oben Bangalores größte Dachterrasse. Das Menü bietet eine Reihe japanischer, chinesischer, koreanischer und Thai-Spezialitäten wie Sushi, Sashimi, Dim Sum, dazu über 20 vegetarische Gerichte. *UB City (großes Shoppingcenter), 24 Vittal Mallya Rd. | Tel. 080 41 73 88 61*

ÜBERNACHTEN

BLUE MOON LOG-INN

Das blaue Gästehaus mit 20 Zimmern liegt in Gehweite zu den meisten interessanten Punkten. Es hat eine Küche und einen Coffee-Shop. Die individuell eingerichteten Zimmer haben Balkon mit schönem Blick auf die Stadt, DVD-Player und 21-Zoll-Flachbildschirm-TV, WLAN. *154/9th Sector 6, H.S.R Layout, gegenüber Lawrence School | Tel. 080 25 72 59 99 | www.bluemoongroup.in | €*

INSIDER TIPP OUR NATIVE VILLAGE

Das Dorf liegt eine Stunde von Bangalore entfernt und bietet als Kontrast zur IT-City Urlaub auf dem Bauernhof – ideal für Familien mit Kindern. Sie können Kühe melken, Ochsenkarren fahren, Drachen steigen lassen, radeln und lernen organische Landwirtschaft. Sogar ein Spa gibt's mit ganzheitlichen Anwendungen. *Kodihalli Village, Hessarghatta Rd. | Tel. 080 41 14 09 09 | www.ournativevillage.com | €€*

TAJ WEST END

Eine Oase der Ruhe und exzellenter Service, den schon Winston Churchill, Königin Elisabeth II. und Königin Silvia von Schweden zu schätzen wussten. Unter dem 150 Jahre alten Regenbaum wird auf Wunsch das Frühstück serviert. 45

Minuten dauert der Rundgang durch den großen Garten mit einem Naturführer. Außerdem: zwei Außenpools, Tennisplätze, Spa und gleich nebenan der *Bangalore Golf Club* (18 Loch). *117 Zi. | Race Course Rd. | Tel. 080 66605660 | www.tajhotels.com |* €€€

WOODLANDS

Das große Hotel mit 211 Zimmern, auch in Cottages, war eins der ersten in Bangalore und versprüht nostalgischen Charme. Es gibt einen Pool und einen kleinen Schönheitssalon. *5 Mohan Roy Rd. | Tel. 080 22225111 | www.woodlands.in |* €–€€

AUSKUNFT

KARNATAKA STATE TOURISM DEVELOPMENT CORPORATION

49 Khanija Bhavan | Race Course Rd. | Tel. 080 22352901 | www.karnatakaholidays.net

KARNATAKA TOURISM HOUSE

A One-Stop-Shop | No. 8, Papanna Lane, St. Mark's Rd. | Tel. 080 41329211

ZIELE IN DER UMGEBUNG

GOLDEN CHARIOT ★

Das stilvollste Transportmittel, um Karnataka zu durchqueren und zu erleben, ist die Luxusbahn im Stil historischer Maharaja-Züge, mit Restaurant und Bar wie in 1001 Nacht, mit modernen Einrichtungen wie Wellness-, Fitness-, und Internet-Waggon. Ab Bengaluru steuert der Golden Chariot in sieben Tagen die schönsten Ziele Karnatakas an: Mysore, Nagarhole National Park, Belur und Halebid, Shravanabelagola, Hampi, Badami und Pattadakal. Zum Schluss gibt's noch einen Badetag in Goa. *Pro Nacht ca. 480 US-Dollar | Buchung TLT-Tours | Tel. in Deutschland 069 2573858 62, Tel. in der Schweiz 0041 445004135 | www.theluxurytrains.de |* €€€

INSIDER TIPP PUTTAPARTHI

(148 C2) (*∅ F7*)

160 km nördlich von Bengaluru, im Nachbarstaat Andra Pradesh, liegt der Aschram des 2011 verstorbenen spirituellen Meisters Sri Sathya Sai Baba *(www.sathya-sai.info)*. Anhänger aus aller Welt strömen noch immer nach *Prashanti Nilayam*, zum „Wohnsitz des höchsten Friedens". Die Unterkunft im Aschram für wenige Rupien kann nicht reserviert werden, das *accommodation office* teilt sie ab 8 Uhr zu. Außerhalb des Aschrams gibt es in Puttaparthi viele Hotels wie *Sai Renaissance (31 Zi. | By Pass Rd. | Tel. 08555 2875914 | www.sairenaissance.com |* €*)* oder *Sri Sathya Sai Towers (27 Zi. | Main Street | Tel. 08555 287270 | www.saitowers.com |* €€*)*. Von Bangalore aus per Zug bis Puttaparthi oder vom neuen Flughafen per Taxi *(ca. 2 Std. | etwa 15 Euro)*.

HAMPI

(145 E5) (*∅ D6*) ★ ● **Es ist wohl einer der ungewöhnlichsten Orte in Indien überhaupt. Hampi war die Hauptstadt des Vijayanagar-Imperiums, eines Königreichs, das sich einst über ganz Südindien bis nach Sri Lanka erstreckte.**

Über 200 Jahre lang (1336–1565) war Hampi eine blühende Stadt. Zur Hochzeit zählte die Stätte bis zu 500 000 Einwohner – das heutige Dorf Hampi hat nur noch rund 10 000. Die einstige Schönheit der Stadt ist noch zu erahnen; 1986 wurde sie zum Unesco-Weltkulturerbe erklärt. Im Umkreis von 26 km liegen zwischen bizarren Granitfelsen südlich des Tungabhadra-Flusses außer verstreuten

Ruinen gut erhaltene Tempel und andere beeindruckende Gebäude.

SEHENSWERTES

Am besten erkunden Sie die ausgedehnte Fläche der Ruinenstadt per Fahrrad. Tempel und Monumente sind tgl. 8.30–17.30 Uhr geöffnet.

BAD DER KÖNIGIN

Das Äußere ist wenig beeindruckend, das Innere mit seinen erstaunlichen Stuckornamenten, dem gewölbten Korridor und luftigen Balkonen über einem Wasserbecken von 15 × 15 m umso mehr. Aus lotosförmigen Brunnen wurde parfümiertes Wasser auf die Hofdamen gesprüht.

ELEFANTENSTÄLLE

Ein imposantes Gebäude mit vielen kuppelförmigen Decken, das einst die königlichen Elefanten beherbergte.

HAZARA-RAMA-TEMPEL

Dieser königliche Tempel ist komplett mit Flachreliefs verziert, die Szenen aus der religiösen Erzählung Ramayana darstellen.

KÖNIGSPALAST

In der größten Anlage ist eine Plattform mit lebendigen Flachreliefs zu sehen, die Jagd, Tanz und Prozessionen zum Thema haben. Etwa 135 m westlich davon befand sich die Audienzhalle des Königs mit einem Wasserbecken.

LOTOS MAHAL

Das ansprechende gelbe Gebäude setzt sich zusammen aus offenen Pavillons im Erdgeschoss und Balkonen im Obergeschoss. Diese Architektur ist ein sehr eindrucksvolles Beispiel für eine gelungene Fusion von Hindu- und Islam-Elementen. Der Name des Hauses stammt von den wunderschön und geometrisch arran-

Nicht von dieser Welt? Hampis bizarrer Mix aus Tempeln und verstreuten Granitfelsen

gierten Bögen, die den Blättern einer Lotosblume ähneln.

VIRUPAKSHA-TEMPEL

Der Tempel ist Gott Shiva geweiht und wird noch immer von gläubigen Hindus genutzt. Weithin sichtbar ist der neun-

des Tempels schlägt, hallen sie durch die Schwingung wie eine Melodie wider. Der Vittala-Tempel gilt als Gipfel der Vijayanagar-Kunst *(200 Rps., das Ticket berechtigt auch zum Eintritt in die Zenana-Anlage mit dem Lotos Mahal und den Elefantenställen)*.

Super Parkplatz: Der Triumphwagen steht seit rund 500 Jahren im Hof des Vittala-Tempels

stöckige *gopuram,* der Eingangsturm. Wer ein Opferkörbchen mit Blüten und Früchten kauft, muss aufpassen: Gewitzte Affen lauern nur darauf, es Ihnen zu entreißen.

VITTALA-TEMPEL

Der gut erhaltene Tempel aus dem 16. Jh. liegt 2 km entfernt vom Bazaar, dem Markt Hampis, der an den historischen Komplex grenzt. Die meistfotografierte Sehenswürdigkeit Südindiens ist im Tempelhof der Triumphwagen aus Stein, dessen Räder sich früher sogar drehten. Wenn man gegen die Säulen

ESSEN & TRINKEN

Rund um den Hampi Bazaar gibt es zahlreiche kleine Restaurants.

GEETHA RIVER VIEW RESTAURANT

Dieses Lokal punktet mit einem schönen Blick auf den Fluss. Lecker schmecken hier verschiedene vegetarische Gerichte wie Cashewnuss-Curry. *Kampa Bhuppa's Path* | €

INSIDER TIPP MANGO TREE

Mitten in einer Bananenplantage am Flussufer liegt dieses Restaurant, das bekannt ist für seine preiswerten schmackhaften *thalis*. Die Atmosphäre ist sehr relaxed, viele Traveller bleiben den ganzen Nachmittag auf der Terrasse mit Blick auf den Fluss. Im Garten steht ein Mangobaum mit einer Schaukel. *500 m westlich vom Virupaksha-Tempel | Tel. 04876 52 13* | €

FREIZEIT & SPORT

MOPEDVERLEIH
Hampi lässt sich gut mit Moped oder Motorroller besichtigen. Mopedshops liegen in der Gegend um den Hampi Bazaar, in Kamalapura und in Hospet *(ab ca. 150 Rps. pro Tag)*.

SPIEL UND SPASS NACH DER REISERNTE ●
Nach der Reisernte von Dezember bis März haben die Bauern rund um Hampi endlich Zeit auszuspannen. Bei Ochsenkarrenrennen und der heimischen Variation des Stierkampfs, wobei auf dem Kopf des Tiers Süßigkeiten oder Geld befestigt werden, die der Torero erobern muss. Zudem werden Dorfspiele mit Kokosnüssen und Hühner(!)-Kämpfe veranstaltet. Auch Besucher dürfen mitmachen. Auskunft: *Touristeninformation Hampi | Hampi Bazaar | Tel. 08394 24 13 39*

ÜBERNACHTEN

In Hampi selbst gibt es viele, aber ausschließlich bescheidene Unterkünfte. Wer mehr Komfort sucht, der fährt besser in das 13 km entfernte Hospet.

HOTEL MALLIGI
160 Zimmer hat das beste Haus in ganz Hospet. Dazu bietet es einen schönen Pool, Massagen und Fitnesseinrichtungen. *6/143 J. N. Rd. | Tel. 08394 22 81 01 | www.malligihotels.com* | €€€

SHANTI GUEST HOUSE
Dieses charmante Haus verfügt über 23 Zimmer mit Deckenventilator, einen üppig bepflanzten Garten mit Blick auf den Fluss, Hängematten und Fahrräder. Im angeschlossenen Restaurant wird von nepalesischer über Thai- bis zu israelischer Küche alles serviert. Die Atmosphäre ist freundlich und persönlich. *Auf der anderen Flussseite, Virupapur Gaddi,*

LOW BUDG€T

▶ Viel billiger als Taxis: Komfortable Volvo-Busse mit Klimaanlage fahren im 30-Minuten-Takt von vielen Punkten der City für 125 Rps. zum neuen *Bengaluru International Airport (BIAL Airport)*, der 38 km außerhalb liegt. *Bangalore Metropolitan Transport Corporation (BMTC), Airport Kiosk Information | Tel. 077 60 99 12 69; Kempegowda Bus Stand | Tel. 080 22 95 23 14; Shivajinagar Bus Stand | Tel. 080 22 95 23 21*

▶ Luftig, lustig und ganz besonders preiswert lassen sich Hampis weitläufige Sehenswürdigkeiten mit dem Fahrrad erkunden. Im Hampi Bazaar gibt es etliche Geschäfte, die Ihnen Räder für 30 bis 60 Rps. pro Tag vermieten.

▶ Nur ein paar Rupien kostet ein Bett im Schlafraum am Bahnhof von Bijapur *(Railway Retiring Room and Dorm)*. Die Unterkunft ist sehr sauber. Fragen Sie die Aufsicht am Bahnhof. Dieser Tipp gilt für viele indische Bahnhöfe und Flughäfen. Dort liegen die Schlafräume meist am *Domestic Terminal*.

Sanapur | Tel. 08394 325352 | www.shanthihampi.com | €

SHIVANANDA

Die 23 Zimmer sind schlicht, aber sauber. Es gibt zwar kein eigenes Restaurant (Essen kann von außen geordert werden), dafür aber einen Haus-Astrologen. *Neben der Bushaltestelle | College Rd., Hospet | Tel. 08394 220700 |* €€

AUSKUNFT

TOURISTENINFORMATION HAMPI

Hampi Bazaar | Tel. 08394 241339. Man vermittelt hier auch persönliche

BÜCHER & FILME

▶ **Der Gott der kleinen Dinge** – Arundhati Roy erzählt die Geschichte einer Familie in Kerala, die an einer verbotenen Liebe zerbricht. Zugleich zeichnet die Autorin das bodenständige Leben des ländlichen Indiens in all seinen Facetten. Großartig!

▶ **Kleine Geschichten aus den Bergen** – Höchst amüsant geschriebener Klassiker des in Bombay geborenen Rudyard Kipling, der einen vergnüglichen Einblick in das mondäne, oft dekadente Leben der britischen Sahibs und Memsahibs in den *hill stations* vermittelt.

▶ **Best exotic Marigold Hotel** – Der Film von 2012 mit Star-Besetzung (Judi Dench, Maggie Smith) beamt den Zuschauer mitten in Indiens pralles Leben. Sieben englische Pensionäre zieht es aus unterschiedlichen Gründen in ein Hotel, das das Nirwana schlechthin verspricht. Die Realität ist weit davon entfernt und wird vom jungen Manager (Dev Patel aus Slumdog Millionär) typisch indisch erklärt: „Der Prospekt ist meine Vision der Zukunft". Regisseur John Madden webt mit einer kräftigen Prise britischen Humors ein feines Netz zwischenmenschlicher Beziehungen in einer mehr oder weniger fremden Welt.

▶ **Slumdog Millionär** – Nicht jedem Inder gefällt der mit acht Oskars ausgezeichnete Film des Briten Danny Boyle, der 2009 in die deutschsprachigen Kinos kam. Schließlich zeichnet er anhand des Jungen Jamal Malik, der an der indischen Ausgabe von „Wer wird Millionär?" teilnimmt, sehr einseitig das Indien der Armut, des Schmutzes, der Ohnmacht gegen die Obrigkeit.

▶ **Monsoon Wedding** – Der opulente Film (2001) von Mira Nair zeigt anhand einer Hochzeit die Konflikte zwischen den nach Amerika ausgewanderten Indern und der älteren Generation in der Heimat auf. Gleichzeitig setzt sie den Sinnesrausch der Inder während des Monsuns farbenfroh und mit den für Bollywood so typischen Elementen wie Musik und Tanz in Szene.

▶ **Lagaan** – Der preisgekrönte Film von 2001 spielt im Indien der Kolonialzeit. Der britische Offizier Captain Russell (Paul Blackthorne) drückt den Bauern hohe Steuern *(lagaan)* auf. Gewinnen sie jedoch beim Cricket, will er auf die Steuern verzichten. Angeführt von Bhuyan (Aamir Khan), beginnen die indischen Bauern zu trainieren, und Liebe ist natürlich auch im Spiel.

In den Höhlentempeln können Sie Tanzstunden nehmen – bei Gott Shiva höchstpersönlich

Reiseführer für einen Tag *(500 Rps.)* oder einen halben *(300 Rps).*

ZIELE IN DER UMGEBUNG

AIHOLE (145 D4) *(🕮 D5)*
Mit seinen rund 140 Tempeln ist Aihole die Wiege der indischen Sakralarchitektur. Als wahrscheinlich ältester gilt der Lad-Khan-Tempel aus dem 5. bis 7. Jh. mit seiner halbrunden Apsis. Er steht auf einem erhöhten Sockel, das gesamte Heiligtum ist von einer Galerie mit Schnitzereien umgeben.
Die meisten der Tempel hier sind Gott Vishnu gewidmet. Die Hälfte liegt innerhalb der Festungsmauern *(tgl. 6–18 Uhr | 100 Rps.)*. Übernachtung am besten in Badami *(44 km südwestl. von Aihole)*, auch das für Aihole zuständige Touristenbüro liegt dort *(im Hotel Mayura Chalukya, Ramdurga Rd. | Tel. 08357 220046)*. *144 km nordwestl.*

BADAMI (145 D4) *(🕮 D6)*
Die malerisch gelegene kleine Stadt (31000 Ew.) rund 100 km von Hampi entfernt grenzt im Osten an den von roten Sandsteinbergen umschlossenen Agastyatirtha-See. Die Dynastie der frühen westlichen Chalukyas machte Badami zu ihrer Hauptstadt und schuf vom Ende des 6. bis ins 8. Jh. bedeutende Kulthöhlen und Tempel. Über Treppenstufen erreichen Sie vier alte, in den Fels gehauene ★ *Höhlentempel (tgl. 6–18 Uhr | 100 Rps.)*, deren Eingang mit Säulen und Stützfiguren markiert ist. Die dritte Höhle ist die größte, sie ist Gott Vishnu gewidmet. Blickfänger in der ersten Höhle ist der 18-armige Nataraja (Shiva), der 81 verschiedene Tanzfiguren zeigt.
Den Anblick verschiedener Tempel und Ruinen des Nord-Forts muss man sich durch den Aufstieg über eine steile Treppe verdienen. Zu sehen sind die Überbleibsel eines Kornspeichers,

einer Schatzkammer und eines Aussichtsturms. Zum Übernachten bietet sich das *Hotel Rajsangam International (40 Zi. | gegenüber der Bushaltestelle, Station Rd. | Tel. 08357 221991 | www.hotelrajsangaminternational.com | €€)* an, mit Pool auf der Dachterrasse und phantastischem Blick auf die roten Felsen sowie die Höhlentempel . Oder das *KSTDC Hotel Mayura Chalukya (10 Zi. | Ramdurg Rd. | Tel. 08357 220046 | €€)*, ein staatlich betriebenes Haus, das etwas außerhalb des Stadtzentrums in ruhiger Lage zu finden ist und auch das *Tourist Office* betreibt.

BIJAPUR (145 D3) *(D5)*

Die einstige Hauptstadt (250 000 Ew.) der Adil-Shahi-Könige (1489–1686) spiegelt Macht und Einfluss der moslemischen Sultane. Sie ist geprägt von Moscheen, Palästen, Festungen, Aussichtstürmen und einem monumentalen Mausoleum. ★ *Gol Gumbaz (tgl. 6.30–17.30 Uhr | 200 Rps., Videokamera 25 Rps.)* ist das berühmteste Bauwerk der Stadt, errichtet 1659. Es schmückt sich mit einer der größten Kuppeln der Welt – ganz ohne Stützpfeiler. Unter der Kuppel verläuft eine kreisförmige „Flüstergalerie", die das Echo von jeder Position aus elfmal zurückwirft. Wegen des Lärmpegels durch die vielen Besucher empfiehlt es sich, frühmorgens zu kommen. Die Palastmoschee Ibrahim Rauza mit dem Mausoleum liegt außerhalb der Stadtmauern. Diese Grabstätte ließ Sultan Ibrahim Adil Shah (1580–1627) bauen; sie beherbergt die Gräber des Herrschers und seiner Frau Taj Sultana. Die *Moschee (tgl. 6–18 Uhr | 200 Rps., Video/Kamera 25 Rps.)* mit ihren vier Minaretten soll als Vorbild für das Taj Mahal in Agra gedient haben.

In der hübschen *Swapna Lodge (MG Rd. | €)* gibt es auf der Dachterrasse ein nettes Restaurant mit sehr freundlichem Service. Zum Übernachten bie-

Phantastisch bombastisch: Nehmen Sie ein Zimmer mit Blick aufs Mausoleum Gol Gumbaz!

tet sich das *Hotel Madhuvan (36 Zi. | Station Rd. | Tel. 08352 25 55 71 | www.hotelmadhuvan.com | €€€)* mit Gartenrestaurant, schönem Innenhof und phantastischem Blick von der Dachterrasse auf Gol Gumbaz an. Oder das *Sanman (24 Zi. | Station Rd., gegenüber Gol Gumbaz | Tel. 08352 25 18 66 | €)* mit gutem Preis-Leistungs-Verhältnis. Das *Tourist Office* liegt hinterm Hotel *Mayura Adil Shahi, an der Station Rd. | Tel. 08352 5 03 59. 160 km nordwestl.*

JOG FALLS ● (147 D2) (*C7*)

Der zweithöchste Wasserfall Karnatakas (199 km nördl.), der vom 200 m breiten Flussbett des Sharavati River 253 m in die Tiefe rauscht, ist zweifellos der eindrucksvollste. Vor allem, weil sich eine einzige Wassersäule in vier klar abgegrenzten Kaskaden in die Schlucht stürzt. Am Fuße des Wasserfalls können Sie baden, den besten Blick genießen Sie von *Watkin's Plattform* oder vom *Felsen* beim *Bombay Bungalow*. Unterkunft: *Matthuga Homestay (Talavata, BH Rd. (NH 206) | Tel. 09880 9 99 75 | www.matthuga.in | €)*, 8 km von den Wasserfällen entfernt, mitten in einer Areca-Plantage (Betelnusspalme).

PATTADAKAL (145 D4) (*D5*)

Das Unesco-Weltkulturerbe liegt 122 km von Hampi (22 km nordöstl. von Badami) entfernt am Malaprabha-Fluss und beweist mit seinen Baudenkmälern eindrucksvoll, wie vielfältig die Chalukya-Architektur war. Die zehn Tempel in Pattadakal gehören zu den bedeutendsten frühen Steintempeln Indiens. Der größte ist der *Virupaksha-Tempel*. Er besitzt einen riesigen Eingang, die gewaltigen Säulen sind mit Episoden aus den beiden Hindu-Epen Ramayana und Mahabharata verziert. Dem Tempel gegenüber steht ein Pavillon mit einem massiven Nandi-Stier. Der *Mallikarjuna-Tempel* ist ähnlich in der Architektur, nur etwas kleiner. Der *Papanatha-Tempel* ist ein weiteres Prunkstück, mit fein ziselierten Decken und einer Halle aus 16 Säulen. Übernachtung am besten in Badami. *Tgl. 6–18 Uhr | 200 Rps.* Auskunft: *Tourist Office Badami* im *Hotel Mayura Chalukya, Ramdurga Rd. | Tel. 08357 22 00 46*

MANGALORE

(147 E4) (*C9*) **Bisher ist die Westküste Karnatakas nur wenig erschlossen. Durch die hügelige Stadt mit ihren 620 000 Einwohnern am Zusammenfluss von Gurupura und Nethravathi weht noch immer ein Hauch ihrer Glanzzeit als wichtiger Hafen und Zentrum des Schiffbaus.**

Heute werden vom neuen Seehafen, 10 km nördlich des Stadtzentrums, hauptsächlich Kaffee, Pfeffer und Cashewnüsse exportiert. In den engen, häufig von Palmen gesäumten Straßen stehen alte Häuser mit roten Ziegeldächern. Viel ist nach Eroberungen und Zerstörungen von den bedeutenden Sehenswürdigkeiten der Stadt zwar nicht übrig geblieben, aber sie eignet sich hervorragend als Ausgangspunkt für interessante Ausflüge.

SEHENSWERTES

KADRI-MANJUNATHA-TEMPEL

Der Tempel liegt 3 km vom Stadtzentrum entfernt und wird auf ein Alter von fast tausend Jahren geschätzt. Hier werden der große *Lingam* (Phallusstein als Sinnbild Shivas) und eine 1,60 m große Bronzestatue der Göttin Lokeshwara mit drei Gesichtern und sechs Armen verehrt. Sie zählt zu den feinsten Bronzearbeiten Indiens. Um 8, 12 und 20 Uhr INSIDER TIPP Segnungen mit Feuer.

MANGALADEVI-TEMPEL

Der niedrige Tempel mit dem dunkelroten Ziegeldach aus dem 10. Jh. wurde nach der Malabar-Prinzessin Mangala Devi – der Schutzgöttin von Mangalore – benannt. Es heißt, wer ihre silberne Statue anbetet, dem sei Glück und Wohlstand gewiss. Sein voller Name lautet Mahatobhara-Sri-Mangaladevi-Tempel; er liegt in Bolar, 3 km südwestl. der City.

ST. ALOYSIUS COLLEGE CHAPEL

Die kleine Kapelle steht auf dem Leuchtturmhügel. Sie ist vor allem sehenswert wegen der eindrucksvollen Fresken auf Decken und Wänden, im 19. Jh. vom Jesuitenpater Antonio Moscheni gemalt. Sie zeigen biblische Darstellungen, darunter den Apostel Thomas, der das Christentum in Indien eingeführt haben soll. *Tgl. 8–10, 12–14.30, 15.30–18 Uhr*

ESSEN & TRINKEN

DIESEL CAFÉ

Hell, freundlich, ansprechendes Ambiente. Die Mischung aus italienischen und indischen Gerichten überzeugt. Besonders die Frühstücksportionen fallen opulent aus. *Collectors Gate, Balmatta Rd. | Tel. 0824 2 41 06 01 |* €

LALITH

Das Lokal liegt zwar im Untergeschoss, bietet aber eine ausgezeichnete Auswahl an Fisch und Meeresfrüchten, kaltes Bier und freundlichen Service. *Balmatta Rd. | Tel. 0824 2 42 67 93 |* €

EINKAUFEN

CAUVERY KARNATAKA ARTS & CRAFTS

Im staatlichen Geschäft für Kunstgewerbe sind die Preise für Stoffe, Statuen aus Sandelholz und Messing festgesetzt. *Raj Towers | Balmatta Rd.*

STRAND

Der INSIDER TIPP *Ullal Beach*, ein Sandstrand 8 km außerhalb von Mangalore, grenzt an das Südufer des Netravati-Flusses und ist von Kasuarinen-Bäumen gesäumt.

AM ABEND

HOWZATT SPORTSBAR

Der „hotspot in town" – eine Kombination aus Pub und Disko mit roten Wänden und rot-weißen Clubsesseln im *Goldfinch Hotel*. Ein DJ legt eine coole Mischung auf, die auch so mancher Bollywood-Star zu schätzen weiß. Samstags und sonntags *(18.30–24 Uhr | 700 Rps.)* haben nur Paare Zutritt, unter der Woche *(10–15 u. 18.30–24 Uhr | Eintritt frei)* auch Singles. *236/2A1 Bunts Hostel Rd. | www.goldfinchhotels.com*

ÜBERNACHTEN

THE GATEWAY HOTEL

Von dem modernen 4-Sterne-Haus mit seinen 88 hellen Zimmern genießen Sie einen schönen Blick auf den Fischereihafen. Das Hotel verfügt über Pool und Fitnesscenter. *Old Port Rd. | Tel. 0824 6 66 04 20 | www.thegatewayhotels.com |* €€

INSIDER TIPP SUMMER SANDS BEACH RESORT

Das idyllische Strand-Resort wird wegen seiner Lage von Künstlern und Kreativen geschätzt. Ziegelgedeckte Hütten mit insgesamt 80 Zimmern liegen in einem Garten mit über 500 Palmen. Vom Strand aus können Sie Delphine beobachten. Das Hotel hat außerdem einen Pool und verleiht Fahrräder zum Erkunden der zahlreichen Lagunen in der näheren Umgebung. *Chotamanga-*

lore, Ullal | Tel. 0824 24 67 69 02 | www.summer-sands.com | €€–€€€

HOTEL SURYA

Die 18 Zimmer sind nichts Besonderes, dafür liegt das Budgethotel schön ruhig abseits der Straße. *Greens Compound | Balmatta Rd. | Tel. 0824 2 42 57 36 | €*

AUSKUNFT

KSTDC TOURIST INFORMATION

Lighthouse Hill Rd. | Tel. 0824 2 42 16 92

ZIELE IN DER UMGEBUNG

BELUR (147 F4) (*🕮 D8*)

Belur ist berühmt für den prächtigen Hoysala-Tempel-Komplex. Das Hoysala-Imperium war eine indische Dynastie, die zwischen 1040 und 1345 regierte. Der ★ *Chennakesava-Tempel*, den König Vishnuvardhana 1117 zum Gedenken an seinen Sieg über die Cholas hatte bauen lassen, ist die größte Attraktion auf dem Gelände. Die Fassade ist dicht mit detailgetreuen Skulpturen verziert – Musikanten, Tänzer, erotische Figuren. 644 Elefanten – jeder sieht anders aus – umrunden den Sockel. *Tgl. 7.30–20.30 Uhr. 165 km nordöstl.*

Mogli lässt grüßen: Den Sockel des Chennakesava-Tempels umrunden 644 kleine Elefanten

GOKARNA (147 D2) (*🕮 B7*)

Die meisten Traveller besuchen den Pilgerort nicht wegen der Tempel, sondern wegen des legendären ★ *Om Beach*. Die geschwungene Küstenlinie erinnert an das heilige Zeichen Om der Hindus und Buddhisten. Daneben reihen sich noch vier weitere Sandbuchten aneinander: *Gokarna, Kudle, Half Moon* und *Paradise*. Die einsamsten sind Half Moon und Paradise. Das nette Gästehaus *Nimmu House (15 Zi. mit Bad | Main Bhadra Rd. | Tel. 08386 25 67 30 | €)* mit Garten und kleiner Dachterrasse liegt direkt bei den

Tempeln. Das terrakottafarbene Resort ● *Swaswara (Dhonibail, Om Beach, Gokarna | Tel. 08386 257131 | www.swaswara.com | €€€)* hat 27 Villen im landestypischen Stil mit je einem großen Zimmer und eigenem Yogadeck; dazu Ayurveda-Zentrum, großer Pool und *Meditation Dome*. Im *Namasté Café (€)* am Om Beach gibt's kontinentales Essen wie Pizza und Pasta, auch Falafel. *185 km nördl.*

Am Ziel: Pilger vor Lord Gomateswara

HALEBID (147 F3) (*D8*)
176 km nordöstlich von Mangalore entfernt lag die einstige Hauptstadt der Hoysalas. Dort lohnt sich eine Besichtigung des *Hoysaleswara-Tempels*, dessen Wände reich geschmückt sind mit einer Vielzahl von hinduistischen Gottheiten, stilisierten Tieren und Darstellungen aus dem Leben der Hoysala-Könige.

HASSAN (147 F4) (*D8*)
Das schmucklose Städtchen eignet sich vor allem als naher Ausgangspunkt für Belur, Shravanabelagola und Halebid. In der netten Gartenanlage *Hoysala Village Resort (Belur Rd. | Tel. 08172 256793 | €€€)*, 6 km von Hassan in Richtung Belur, mit 33 Zimmern in Cottages sowie Pool und Spa, steigen die meisten Rundreisenden ab. Das moderne *Hassan Ashok (BM Rd. | Tel. 08172 268731 | www.hassanashok.com | €€)* hat 36 Zimmer mit Rattanmöbeln, ist sehr gepflegt und bietet gute Küche. Auskunft: *Tourist Office | A.V.K. College Rd. | Tel. 08172 268862. 160 km östl.*

MURUDESHWAR (147 D2) (*B7*)
Für einen der besten Tauchgründe Südindiens fahren Sie von Mangalore aus 150 km an der Küste nach Norden. In *Murudeshwar* bei Bhatkal lässt es sich in faszinierender Unterwasserwelt inklusive Schiffswracks vor der kleinen INSIDER TIPP *Insel Netrani (Pigeon Island)* herrlich tauchen und schnorcheln. *PADI-Tauchschule Dreamz Diving | 4000–5000 Rps. pro Tauchgang, 2500 Rps. Schnorcheln | Tel. 097 40752480 und Tel. 093 26151300 | www.dreamzdiving.com*

SHRAVANABELAGOLA ★
(148 A4) (*D9*)
125 km östlich von Mangalore liegt dieser wichtige Pilgerort der Jains. In Shravanabelagola wurde die größte monolithische Statue von Lord Gomateswara, einer Gottheit der Jains, erbaut. Die 17 m hohe, nackte Figur aus Granit mit den überlangen Armen als Symbol der Weisheit ist 30 km weit zu sehen. Um auf den Vindhyagiri-Hügel zu kommen, müssen Sie entweder 614 Stufen erklimmen oder

sich mit einer Sänfte hochtragen lassen. Alle zwölf Jahre (zuletzt 2005) werden hier tagelange Zeremonien zu Ehren von Lord Gomateswara veranstaltet. *Kein Eintritt, Spenden willkommen.* Auskunft: *Tourist Office, am Fuß des Vindhyagiri-Hügels*

MYSORE

(148 A5) *(D9)* **Die einstige Hauptstadt des Fürstentums (3 Mio. Ew.) strahlt etwas Majestätisches aus. Hier ist die Gangart viel gelassener als in Bengaluru.**

Breite, mit Bäumen bepflanzte Alleen, Villen, aus deren Gärten rosarote Bougainvilleen quellen, und Parks zu Füßen des schneeweiß leuchtenden *Lalith Mahal Palace* – heute ein Hotel – haben etwas Märchenhaftes. Auch wenn die vielen Souvenirshops und konturlosen Neubauten das Bild etwas trüben: Am Abend, wenn die Sonne die faltige Fassade nicht mehr so gnadenlos ausleuchtet, erstrahlt Mysore plötzlich wieder in altersloser Schönheit.

SEHENSWERTES

CHAMUNDI HILL

1000 Stufen führen auf den 1062 m hohen Hügel, auf dem der Sri-Chamundeswari-Tempel mit dem reich verzierten *gopuram* (Eingangsturm) thront. Etwas tiefer steht der 4,80 m große Stier Nandi, der 1659 ganz aus schwarzem Granit gehauen wurde.

JAYACHAMARAJENDRA-KUNSTGALERIE

Die Galerie mit kostbaren Schätzen der Maharajas wie antikem Mobiliar, alten Musikinstrumenten, Elfenbein und Sandelholz-Figuren ist im Jagan-Mohan-Palast, westlich des großen Maharaja-Palasts, untergebracht. *Tgl. 8.30–17.30 Uhr | 15 Rps.*

MYSORE PALACE ★

Mittelpunkt der Stadt ist der prächtige Maharaja-Palast *(Amba Vilas)* im indosarazenischen Stil, reich verziert mit Kuppeln, Türmchen, Bögen und Kolonnaden. Er wurde 1912 anstelle des abgebrannten Palasts von 1897 gebaut und ist eine Fundgrube exquisiter Schnitzereien, von Kunstwerken aus aller Welt, alten Gemälden und einem Thron aus purem Gold. An Festtagen wird der Palast abends von 96 000 Glühlampen erleuchtet. *Tgl. 10–17.30 Uhr | 200 Rps. | Eingang durch das Südtor, Purandara Dasa Rd. | www.mysorepalace.org*

ESSEN & TRINKEN

EDELWEISS

Ein bisschen Zuhause schmecken: Die Küche dieses österreichischen Cafés ist offen, die Gäste schauen bei der Zubereitung von Schnitzel & Co. zu. Es wird auch bester Kaffee serviert. *2681/1 9th Cross, Adipampa Rd., V.V. Mohalla | Tel. 0821 6 45 24 48 | €*

GANESH

Sehr preisgünstige *dosas,* gefüllt mit Gemüse und Kartoffeln. *Gegenüber Central Bus Stand | €*

OM SHANTI

Die Spezialität des Restaurants sind – ganz abgesehen von Gerichten aus aller Welt – preisgünstige *thalis. Hotel Siddharta | Guest House Rd. | Tel. 0821 2 52 28 88 | €*

EINKAUFEN

Mysore ist berühmt für extravagante Seide, für Sandelholz, Rosenholz-Schnitzereien, Holzspielzeug sowie für Bilder aus Naturfarben und viel Blattgold mit Motiven aus der Hindu-Mythologie.

CAUVERY ARTS & CRAFTS EMPORIUM
Hier finden Sie Kunstgewerbliches und viele Stücke aus Sandelholz; auch den authentischen Sandelholzpuder. Außerdem hochwertige Produkte aus Messing und die bekannten Mysore-Bilder. Alles zu Festpreisen. *Sayyaji Rao Rd.*

INSIDER TIPP DEVARAJA FRUIT & VEGETABLE MARKET ●
Dieser wunderbare Markt spricht alle Sinne gleichermaßen an. In der Früchtehalle riecht es süß nach Mangos und Bananen, in der Blumenhalle werden Sie vom Duft Tausender Jasminblüten und Rosen fast betäubt. Eine optische Verführung ist das zu hohen Kegeln aufgetürmte farbige Pulver *(kumkum). Tgl. 6–20.30 Uhr | Sayyaji Rao Rd.*

GOVERNMENT SILK FACTORY
Mysores schöne Seide ist legendär. Direkt an der Quelle, in einer Fabrik, können Sie den Webern bei der Herstellung feinster Seidensaris mit ornamentalen Bordüren zuschauen. Im Laden gibt es abgesehen von Saris auch die edlen Stoffe selbst in allen erdenklichen Farben und Mustern meterweise und zu Fabrikpreisen zu kaufen. *Mo–Sa 10–12 u. 14–16 Uhr | Mananthody Rd.*

SANDALWOOD OIL FACTORY
Was für ein Duft! Hier wird das Öl aus dem Sandelholz gepresst, um Parfüm daraus herzustellen. Außerdem werden Seife, Räucherstäbchen, Kosmetik und ayurvedische Produkte aus Sandelholzöl sowie Schnitzarbeiten verkauft. *Mo–Sa 9–11 u. 14–16 Uhr | Manandavady Rd.*

AM ABEND

HIGH OCTANE
In der trendigen Diskothek trifft sich die coole Szene zu Partys mit wechselndem Motto unter der Regie angesagter DJs. Dazu flackern grafische Lichteffekte an den Wänden. Eintritt nur für Paare. *2820 8th Cross Adipampa Rd., V.V. Mohalla | www.highoctanemys.com*

OPIUM
Der Pub im Pai Vista Hotel ist bekannt für seine laute Hardrock-Musik und die vielen Porträts von Rockstars, die die Wände zieren. *35 A Bn Rd.*

ÜBERNACHTEN

GREEN HOTEL
Die besten der insgesamt 31 Zimmer, alle mit Balkon und stilvollen Holzmöbeln, befinden sich im einstigen Prinzessinnenpalast, die preiswerteren im Neubau. Das charmante Hotel steht in einem weitläufigen Garten und wird sehr umweltbewusst geführt, Gewinne gehen teilweise an Umweltprojekte. *Chittaranjan Palace | 2270 Vinoba Rd., Jayalakshmipuram | Tel. 0821 4255000 | www.greenhotelindia.com | €€*

LALITHA MAHAL PALACE
Dieser einstige Palast, den der vegetarische Maharaja eigens für seine Fleisch essenden Gäste bauen ließ, diente schon häufig als Filmkulisse. Himmelbetten und antikes Mobiliar in den insgesamt 54 Zimmern und Suiten vermitteln geradzu königliches Feeling. *Siddarth Nagar | Tel. 0821 2526100 | www.lalithamahalpalace.in | €€€*

RITZ HOTEL
Der Name hält nicht, was er verspricht – hier handelt es sich um ein schlichtes Budgethotel. Es hat 60 Jahre auf dem Buckel, nur vier Zimmer, aber viel Charme, einen schattigen Innenhof und liegt nicht weit vom Busbahnhof. *Bangalore-Niligiri Rd. | Tel. 0821 2422668 | €*

AUSKUNFT

TOURIST RECEPTION CENTRE

Old Exhibition Building | Irwin Rd. | Tel. 0821 2 42 20 96

ZIELE IN DER UMGEBUNG

NAGARHOLE NATIONAL PARK ★ (147 F5) (*D9*)

80 km südlich von Mysore liegt der Nagarhole National Park, das ehemalige Jagdgebiet der Maharajas von Mysore. Affen turnen in den Bäumen, außerdem bietet der Park Lebensraum für über 200 Elefanten, mehr als 100 Tiger und über 50 Leoparden. Besucher können im Park eine Menge unternehmen: Jeepsafaris, Bootsfahrten auf dem River Kabini, Kajak- und Tretboot-Touren, Elefantenritte und Wanderungen. Sehr schön zum Übernachten ist die *Kabini River Lodge (Karapura, Nissana Beltur Post | Tel. 08228 26 44 02* oder über *Jungle Lodges & Resorts Ltd. | Bengaluru | Tel. 080 40 55 40 55 | www.junglelodges.com | €€€)* mit 24 großen Zimmern in verschiedenen Villen, dazu sechs Wohnzelte.

SRIRANGAPATNAM (148 A5) (*D9*)

14 km nordöstlich von Mysore, im Cauvery River, liegt die 5 km lange und 1 km breite Insel (Zufahrt über eine Brücke). Die Sehenswürdigkeiten der einstigen Hauptstadt der Wodeyar-Könige lassen sich am besten per Leihrad erkunden, etwa die *alte Festung (tgl. 9–17 Uhr | 50 Rps.)* mit dem Verlies, in dem britische Soldaten gefangen gehalten wurden. Innerhalb der Festung steht der *Sri-Ranganathaswamy-Tempel (tgl. 8–14 u. 16–19 Uhr)* mit fünfstöckigem Tor. Von außen eher unscheinbar wirkt *Daria Daulat Bagh (Sa–Do. 9–17 Uhr | 100 Rps.)*, der zweistöckige Sommerpalast von Tipu Sultan aus dem 18. Jh., ganz aus Teakholz, mit verblichenen Wandmalereien und geschnitzten Säulen. Das *Gumbaz-Mausoleum (Sa–Do 8–18.30 Uhr | Eintritt frei)* mit seiner weißen Kuppel ist Ruhestätte der Sultansfamilie.

Friedliche Zeiten im Nagarhole National Park, dem einstigen Jagdgebiet der Maharajas

TAMIL NADU

Wunderland Tamil Nadu: Die magische Mischung aus Natur und Kultur, aus Sandstränden, grünen Bergorten und historischen Stätten zieht seit jeher Reisende in ihren Bann. Hier ticken die Uhren anders, Zeit wird zum dehnbaren Begriff.

Prächtige Tempel in jedem kleinen Dorf, Tempel mit unglaublich reich verzierten Eingangstürmen, den *gopurams,* in Madurai, Meerestempel in Mamallapuram, dem Gesetz des ewigen Wellenschlags unterworfen. Tamil Nadu darf sich des Superlativs rühmen, die meisten Weltkulturerbestätten zu besitzen. Drei der fünf Stätten befinden sich in Thanjavur, die beiden anderen in Chennai und Niligiri.

Schon in prähistorischer Zeit siedelten Menschen auf dem Gebiet des heutigen Staats Tamil Nadu. 1969 ging er aus einem Teil der Provinz Madras hervor und bekam seinen neuen Namen. Kultur und Kunstwerke dieser Region sollen zu den ältesten der Welt gehören. Mit 130 058 km^2 ist der Bundesstaat so groß wie Griechenland. Auch seine Sprache, Tamil, gehört zu den Klassikern, vor 5000 Jahren wurde sie bereits geschrieben, lange davor schon gesprochen.

Vielleicht zählt Tamil Nadu zu den letzten Flecken auf der Erde, wo eine klassische Kultur – die der Draviden – noch lebendig ist, wo Geschichte nicht lang zurückliegende Vergangenheit bedeutet, sondern weiterlebt in der Musik, den Tänzen, in Wohnpalästen, in Tempeln, wo gestern wie heute der Glaube praktiziert wird. Wo wie eh und je der Tagesbeginn

Bild: Kanyakumari

Zwischen Meerestempeln und Hill Stations: Uralte Kultur und herrliche Landschaften bilden ein einzigartiges Spannungsfeld

durch farbenprächtige Kolams markiert wird, äußerst phantasievolle Muster, von Frauen mit gefärbtem Reismehl vor den Hauseingang gezaubert. Die starke Kreativität kommt auch in der Filmindustrie zum Ausdruck, für die der Staat bekannt ist. „Es gibt auch anderes Kino als Bollywood", lautet das Credo. Überdimensionale Kinoplakate der Filmhelden zieren Hauswände in jeder Stadt, in jedem Dorf. Selbst in der Küche hat die verfeinerte Kultur von Tamil Nadu ihre Spuren hinterlassen. Besonders die Küche von Chettinad gilt unter Kennern als Indiens Gourmetecke. In ihr fließen verschiedenste kulinarische Einflüsse aus dem ganzen Kontinent ein. Köstliche, fein gewürzte Delikatessen aus Hammelfleisch, Huhn und Fisch werden hier bereitet, auch wurde hier die Kunst, einen exzellenten Kaffee zu bereiten, perfektioniert.

Nach Genüssen, die das entspannte Leben der High Society bietet, suchten die britischen Kolonialherren in den einst so mondänen *hill stations* wie Ooty, heute Udhagamandalam. Die Eroberer der Ge-

Das Treiben auf Chennais Bahnhofsvorplatz stört den elefantenköpfigen Ganesha nicht weiter

genwart finden als Naturliebhaber ein reiches Betätigungsfeld: Umschlossen von der Bengalischen Bucht mit ihren Palmenstränden im Osten, den Niligiri Mountains als Teil der Western Ghats im Westen, dem Indischen Ozean im Süden und dem Deccan-Plateau im Norden bietet Tamil Nadu reichlich Abwechslung. Wenn sie nicht gerade an den Palmenstränden der Ostküste in den verlockend warmen Indischen Ozean abtauchen, gehen Aktivurlauber trekken, angeln, Kanu fahren oder golfen. Zwar sind die insgesamt 900 km langen Strände entlang der Koromandelküste Tamil Nadus nicht so bekannt wie die in Goa oder Kerala, dafür haben sie ihren ganz eigenen Charme. Viel wurde dort 2004 vom Tsunami zerstört, doch nur wenige Spuren sind heute noch davon zu sehen. Wäre das Seebeben vor ein paar tausend Jahren geschehen, man hätte es für immer in Stein gemeißelt. Wie so viele Ereignisse zuvor, von denen die steinernen Zeitzeugen in Tamil Nadu noch heute erzählen.

CHENNAI (MADRAS)

KARTE IM HINTEREN UMSCHLAG

(149 F4) (*H8*) **Als „hot, hotter, the hottest" – heiß, heißer, am heißesten – wird das Klima in und um die Hauptstadt Tamil Nadus, Chennai (4,9 Mio. Ew.), bezeichnet.**

Doch das ist eine Übertreibung, denn an der Bucht von Bengalen wird es „nur" bis zu 32 Grad warm. Trotz der boomenden IT-Branche atmet das einstige Madras, viertgrößte Metropole Indiens, noch den Geist einer fast 2000-jährigen Vergangenheit. Ein plastisches Beispiel für die abwechslungsreiche Geschichte ist der Stadtteil *Mylapore*. Neben dem Hindutempel Kapalishvara und der ältesten Kirche Chennais, Luz Church, steht hier auch die Basilika San Thome – eine von drei Kirchen weltweit mit dem Grab eines der zwölf Apostel. Eine ebenso spannende Mischung aus Tempeln, Kirchen, Moscheen und Kolonialgebäuden wie dem High Court und dem imposanten Postamt zeigt das Geschäftsviertel *George Town*. Mumbai liegt als Produzent von Bollywoodfilmen zwar mit Abstand vorne, doch hat sich auch Chennai als „Kollywood" einen Namen mit tamilischen Filmen gemacht.

CITY

WOHIN ZUERST?

Government Museum in Egmore: In *Egmore,* dem Herzen Chennais, nahe dem Hauptbahnhof und den Bus Terminals, liegt das Government Museum. Die Busse der *Metropolitan Transportation Corporation (www.mtcbus.org)* Nr. 10 und 11 fahren von hier durch die ganze Stadt und sind extrem billig. Die MTC fährt auch zum Fort St. George am Marina Beach, zur St.-Thomas-Kirche und zum benachbarten Kapaleeshwarar-Tempel.

SEHENSWERTES

FORT ST. GEORGE

Die stattliche Festung aus dem 17. Jh., die einst von Portugiesen gebaut wurde und später den britischen Handelsaußenposten Chennai schützte, ist sehr gut erhalten. Das weiße Fort beherbergt auch die älteste anglikanische Kirche Indiens, *St. Mary,* gebaut im Jahr 1680. Im *Fort Museum* befinden sich interessante Stücke aus der legendären Zeit der berühmten East India Company: Uniformen, Waffen und Medaillen. Auf dem angrenzenden Friedhof stehen die ältesten britischen Grabsteine in Indien. *Sa–Do 9.30–17 Uhr | 100 Rps. | Kamarajar Salai | südl. George Town*

GOVERNMENT MUSEUM CHENNAI

Das rote Museum mit dem palastähnlichen Hauptgebäude ist eins der ältesten in Indien. Es besteht aus insgesamt sechs Gebäuden mit unterschiedlichen Themen, die in einem Park stehen. Auf

MARCO POLO HIGHLIGHTS

★ **Kapalishvara-Tempel**
Dieser Shiva-Tempel in Chennai besitzt einen prächtigen, bunten *gopuram* → S. 98

★ **Fisherman's Cove**
Ein Edel-Resort am postkarten kitschig-schönen Covelong-Strand → S. 101

★ **Mamallapuram**
Sagenhafter Ort mit Meerestempel, Höhlen und wunderschönen Felsenreliefs → S. 103

★ **Puducherry**
Die weiße Stadt strahlt französischen Charme aus → S. 104

★ **Sri-Meenakshi-Tempel**
Zwölf *gopurams* und ganze 33 Mio. Figuren zieren Südindiens größten Tempelkomplex in Madurai. Besonders eindrucksvoll ist die Nachtzeremonie → S. 105

★ **Rock Fort**
Wie ein Schwalbennest kleben Festung und Tempel hoch oben auf einem Felsenplateau bei Tiruchirappalli → S. 110

★ **Udhagamandalam**
Very british: Mit seiner englischen Architektur gilt das einstige Ooty oder Ootacamund als Königin der Bergorte → S. 110

dem Gelände sind weiterhin die *Nationale Kunstgalerie,* die *Galerie für zeitgenössische Kunst,* die *Bronzegalerie* sowie das *Kindermuseum* untergebracht. *Sa–Do 9.30–17 Uhr | 250 Rps., Kamera 200 Rps., Videokamera 250 Rps. | Pantheon Rd., Egmore | www.chennaimuseum.org*

LOW BUDG€T

▶ Preiswert und gut werden Sie in Lokalen satt, in denen man mit dem Teller in der Hand ohne Tisch und Stühle isst. In Tamil Nadu nennen sie sich *kaiyendhi bhavans,* und in Kerala heißen sie *thattu kadai.* Meistens gibt es dort typisch südindische Snacks wie etwa *idlis, dosas* und *puris.* Mindestens so günstig essen Sie auch in *dhabas,* schlichten Lokalen nordindischer Herkunft. Beliebt sind dort vor allem der süße *chai,* der noch über dem Holzofen zubereitet wird, und das *chicken tikka masala* (gewürztes Hühnchen).

▶ Günstig herum kommen Sie in Puducherry. Größere Motorrikschas *(4-wheeler)* für 8 Personen halten überall auf Wunsch. Die Tour führt auf einem 10 km langen Ring rund um die Stadt, ein Fahrgast zahlt 5 Rupien.

▶ In Mysore sind Fahrradrikschas unterwegs. Die umweltfreundliche und preiswerte Art, alle Sehenswürdigkeiten zu besuchen und von Punkt A nach Punkt B zu kommen, unterstützt auch einen aussterbenden Berufszweig.

▶ Saubere Betten, niedriger Preis in sechs *Railway Retiring Rooms* im Bahnhofsgebäude von Thanjavur.

HORTICULTURAL GARDEN

Im Herzen der Stadt bildet der 9 ha große Garten eine wunderbar grüne, kühle Oase. Er ist mit seltenen Bäumen, Büschen, Bonsais und Blumenbeeten bepflanzt. *Fr–Mi 8.30–12.30, 13.30–17.30 Uhr | Eintritt frei | Cathedral Rd.*

KAPALISHVARA-TEMPEL ★

Der Shiva-Tempel mit seinem prächtigen, bunten Turm, dem 37 m hohen *gopuram,* ist voller Götterfiguren, darunter Bronzestatuen von 63 Heiligen. Der ursprüngliche Bau wurde von den Portugiesen zerstört. Der jetzige Tempel ist erst 300 Jahre alt. Im Tempelhof dürfen sich auch Nichthindus aufhalten. *Tgl. 6–11.30 u. 16–20 Uhr | Kamera 25 Rps. | Kutchery Rd.*

LUZ CHURCH

Die älteste Kirche in Chennai, auch „Unserer Lieben Frau des Lichts" oder „Kaatu Kovil" genannt, wurde 1516 von Franziskanern errichtet. Als einmal ein Schiff im Sturm in Seenot geriet, sah die Besatzung ein Licht am Strand, das ihr den Weg zum rettenden Ufer wies. Einige Jahre später bauten Portugiesen zum Dank an derselben Stelle eine Kirche. *Luz Church Rd., Mylapore*

SAN THOME BASILIKA (ST. THOMAS MOUNT CHURCH)

160 Stufen führen hinauf auf den Hügel, auf dem der Apostel Thomas einst getötet worden sein soll. 1523 wurde von den Portugiesen dort eine kleine Kirche errichtet. Sowohl diese als auch ein späteres Gotteshaus zerfielen, bis schließlich 1896 die weiße Kathedrale gebaut wurde, die 1956 den Status einer Basilika erhielt. In einer Katakombe liegt über dem Grab die Statue des Apostels

in einem gläsernen Sarg. *Tgl. 6–20 Uhr | Santhome High Rd., Mylapore | www.santhomechurch.com*

ESSEN & TRINKEN

INSIDER TIPP **AMETHYST CAFÉ**

Das Café in einer schönen alten Villa gehört zu einer Galerie voller Antiquitäten, Gemälde und alter Fotos. Gegessen

Familienausflug auf Indisch – ein Motorroller, Vater, Mutter, Kind

wird im Garten des Hauses zwischen Riesenfarnen und Palmen. Hauptsächlich stehen italienische Gerichte auf der Karte. Eine schöne, grüne Oase mitten in der Stadt! *Padmavathi Rd. | Tel. 044 45 99 16 27* | €€

ANNALAKSHMI

Dieses rein vegetarische Restaurant ist ein Projekt des *Temple of Fine Arts International,* das Kunst, Kulinarik, Tanz und Theater miteinander verbindet. Es dient daher gleichzeitig als Kunst- und Kunstgewerbe-Galerie. *804 Mount Rd. | Tel. 044 28 52 51 09 | www.annalakshmichennai.com* | €€€

SARAVANABHAVAN

In diesem günstigen Lokal werden vegetarische Gerichte serviert – chinesische und südindische, vor allem aber leckere *thalis. Vadapalani Andavar, Koil Street | Tel. 044 24 80 25 77 | www.saravanabhavan.com* | €

EINKAUFEN

Die Haupteinkaufszentren in der City von Chennai sind *Parry's Corner* und *Anna Salai.*

CENTRAL COTTAGE INDUSTRIES EMPORIUM

Die staatliche Galerie für indisches Kunstgewerbe, für Stoffe, Saris sowie Schmuck und vieles mehr bietet solide Qualität zu Festpreisen. *672, Temple Towers, Anna Salai, Nandanam | www.cottageemporiumindia.com*

PLANET M
Dieser Laden, der Niederlassungen auch in anderen Städten Südindiens betreibt, ist ein wahres Eldorado für alle Musik- und Filmfans; die Preise sind unschlagbar. In Chennai gibt es gleich drei Filialen: *3rd Avenue Anna Nagar; 113 Kutchery Rd., Mylapore; A 9 Abirami, Mega Mall, Kilpauk*

FREIZEIT & SPORT

INSIDER TIPP TANZSHOWS
Bharatanatyam, ein Solotanz aus Tamil Nadu, ist einer jener acht klassischen Tanzstile in Indien, die durch ihre Ausdrucksform bestimmte religiöse Episoden aus der hinduistischen Mythologie erzählen. Seine Wurzeln liegen in der südindischen Tempelkultur. Wer gern den Tanzschülern des Bharatanatyam zuschauen möchte, hat dazu in der *Kalakshetra School of Dance* Gelegenheit. *Mo–Fr 10–11.30 Uhr | 200 Rps. | Thiruvanmiyur | Tel. 044 24521169 | www.kalakshetra.in*

STRÄNDE IN DER UMGEBUNG

Von Nord nach Süd, alle **(149 F4)** *(H8–9)*

MARINA BEACH
Der 12 km lange und bis zu 430 m breite Stadtstrand von Chennai zieht sich vom Fort St. George im Norden bis zur Velankanni-Kirche im Süden. Zahlreiche Steinstatuen von berühmten Politikern, darunter Mahatma Gandhi, schmücken die Küstenstraße. Ein Spaziergang führt an einigen Kolonialbauten vorbei – etwa dem Senatshaus, der Universitätsbibliothek und dem Chepauk-Palast. Vom Baden wird aber abgeraten, dafür ist es hier nicht sauber genug.

ELLIOT'S BEACH
Am südlichen Ende der Marina Beach in Chennai hat der geschwungene Elliot's Beach schon manches Mal als Location für tamilische Filme gedient. Sand und Wasser sind hier sauber, Surfer finden

Die Kalakshetra School of Dance bildet nicht nur Tänzer, sondern auch Musiker aus

die ideale Welle, ein paar Buden und Restaurants sorgen für Verpflegung.

COVELONG BEACH

40 km südlich von Chennai lockt der breite Palmenstrand mit ein paar Fischerdörfern – eine fast unberührte Idylle. Nur das ★ *Fisherman's Cove (Covelong Beach | Tel. 044 67 41 33 33 | www.tajhotels.com | €€€)* liegt am Bilderbuchstrand. Es hat 88 Zimmer, teilweise in Cottages, gute Yogakurse und neben anderen Restaurants das romantische *Bay-View-Point* direkt am Wasser.

AM ABEND

An Nightlife bietet Chennai einiges. Allerdings müssen Clubs und Bars um Mitternacht schließen. Entsprechend früh geht es los.

BIKE & BARREL RESTOBAR

In der gemütlichen Pub-Bar werden die Drinks an Fässern eingenommen, von der Decke hängt ein 1946-Norton-Classic-Motorrad. Am Wochenende herrscht Dress Code, Schmuddellook wird nicht akzeptiert. *Tgl. 11.30–23.30 Uhr | 115 Residency Towers | Sir Theagaraya Rd. | www.theresidency.com*

PASHA

Der bekannteste Nachtclub der Stadt gehört zum *Park Hotel.* Schwülstige orientalische Atmosphäre, Hunderte von Spiegeln reflektieren Tanz- und Sitzflächen, Kissen und Kerzen. Zutritt nur für Paare. *1000 Rps. | 601 Anna Salai | www.theparkhotels.com*

SATHYAM CINEMAS ●

Kino in Indien – ein hinreißendes Erlebnis! In diesem Kinokomplex im Stadtzentrum laufen in sechs verschiedenen Sälen mit bis zu 948 Plätzen internationale sowie Hindifilme à la Bollywood, auch in 3-D-Fassungen. Außerdem: vegetarisches Restaurant, Spielsalon. *8 Thiruvika Rd. | Tel. 044 42 24 42 24 | www.sathyamcinemas.com*

ÜBERNACHTEN

HOTEL PANDIAN

Zentraler geht's kaum: In zwei Minuten erreichen Sie die Egmore Railway Station, fünf Minuten fährt das Taxi zur Central Railway Station. Die Zimmer sind sauber und ruhig, nur von der nahe gelegenen Moschee dringt der Ruf des Muezzin. Mit Internetcafé *(7–23 Uhr)*. *90 Zi. | 15 Kenneth Lane, Egmore | Tel. 044 28 19 10 10 | www.hotelpandian.com | €–€€*

NEW VICTORIA

Dieses Haus verfügt über insgesamt 50 Zimmer, liegt nur 200 m vom Bahnhof entfernt und bietet ein vernünftiges Preis-Leistungs-Verhältnis. Den Gästen stehen ein Restaurant mit internationaler Küche und eine Bar zur Verfügung. *3*

Kenneth Lane | Tel. 044 28 19 36 38 | www.empeehotels.com | €€€

INSIDER TIPP NEW WOODLANDS HOTEL
Überall in dem zentral gelegenen Hotel hängen große Bilder der Hindu-Epen, es hat einen Außenpool, einen Schönheitssalon und zwei vegetarische Restaurants (kein Alkohol!). Das Lieblingshaus internationaler Traveller. *175 Zi., teils in Cottages | 72–75 Dr. Radhakrishnan Rd., Mylapore | Tel. 044 28 11 31 11 | www.newwoodlands.com | €€*

AUSKUNFT

Besichtigungstouren über *Tamil Nadu Tourism Development Corporation (TTDC): halber Tag Chennai (13.30–18.30 Uhr) im klimatisierten Bus | 250–300 Rps.; Hop-on-hop-off-Tour Chennai/Mamallapuram | 225 Rps. | Mo–Fr 10–17.55, Sa/So 9 u. 10–17.55 bzw. 18.40 Uhr | Eintrittsgelder für Museen extra.* Alle Touren starten am *Tamil Nadu Tourism Complex | 2 Wallajah Rd. | Tel. 044 25 36 83 58 | www.tamilnadutourism.org*

INDIA TOURISM OFFICE
154 Anna Salai | Tel. 044 28 46 02 85

ZIELE IN DER UMGEBUNG

CHIDAMBARAM (149 E6) (*H10*)
Wie Madurai ist die kleine Stadt Chidambaram (82 000 Ew.) rund um ihren Tempel angelegt. Von 907 bis 1310 war sie die Hauptstadt des bedeutenden Chola-Reichs. Heute sind die Straßen und der quirlige Markt des historischen Stadtkerns von Studenten bevölkert. Hauptattraktion ist der *Nataraja-Tempel (tgl. 4–12 u. 16.30–21 Uhr)*. Der 16 ha große Komplex aus dem 11. Jh. mit seiner 1000-Säulen-Halle wird als eine der heiligsten Pilgerstätten Südindiens verehrt. Das Dach ist vergoldet, vier *gopurams* ragen bis zu 42 m hoch auf. Die Lampen auf den Türmen sollen Seeleuten früher zur Orientierung gedient haben. Auch Nichthindus haben Zutritt zum Allerheiligsten. Jeweils um 12 und um 18 Uhr wird Nataraja – die Figur des tanzenden Shiva – in einer Sänfte herumgetragen. Das *Hotel Saradharam (19 Venugopal Pillai Street | Tel. 04144 22 13 36 | www.hotelsaradharam.co.in | €€)* hat 45 geräumige Zimmer, teils mit Balkon bzw. Garten. Es klingt majestästischer, als es ist: Das Hotel *Grand Palace Stay (12 Railway Feeder Rd., gegenüber vom Bahnhof | Tel. 04144 23 99 77 | www.grandpalacestay.com | €)* mit seiner futuristischen Fassade und einem kleinen Garten hat nur 21 Zimmer, zwei Restaurants (eins davon vegetarisch), eine Bar, freies Internet. Auskunft: *Railway Feeder Rd. | Tel. 04144 25 36 83 58. 232 km südl.*

INSIDER TIPP DAKSHINACHITRA ●
(149 F4) (*H8*)
25 km südlich von Chennai liegt das Modelldorf mit traditionellen Häusern aus allen Teilen Südindiens. Vorführungen von Kunst und Handwerk vermitteln einen lebendigen Einblick in die Lebensgewohnheiten. Sie können sich Mehndi-Muster auf die Haut malen lassen, ein Papagei zieht Schicksalskarten. *Mi–Mo 10–18 Uhr | 175 Rps. | East Coast Rd., Muttukadu | www.dakshinachitra.net*

KANCHIPURAM (149 E4) (*G9*)
Kanchipuram (220 000 Ew.) galt als Beispiel für die Eintracht verschiedener Religionen und besitzt von einst über 1000 Tempeln noch 126. Im 7. Jh. wurde vom Pallava-König Nandhivarman der *Vaikuntha-Perumal-Tempel* gebaut. Einmalig sind die Darstellungen von Gott Vishnu – sitzend, stehend und ruhend – im Tempelturm. Der *Kailasanatha-Tem-*

Allgegenwärtig in Mamallapuram: Steinmetze und der Klang von Hammer und Meißel

pel aus Sandstein (8. Jh.) hat 58 kleine Schreine rund um den Hauptschrein. Kanchipuram ist berühmt für hochwertige Seidensaris. Es lohnt sich, das *Zentrum der Weber (Weaver's Service Center | Railway Station Rd.)* zu besuchen.

Zu empfehlen ist das *MM Hotel (65 Nellukkara Street | Tel. 044 27 22 72 50 | www.mmhotels.com | €–€€):* Die 48 Zimmer sind sauber und nett eingerichtet, das Restaurant wird gleich nebenan betrieben. Das *Baboo Surya Hotel (85 East Raja Street | Tel. 0412 27 22 25 55 | www.hotelbaboosoorya.com | €–€€)* und seine 33 Zimmer wurden komplett renoviert. Es bietet abwechslungsreiche Küche, an der Bar werden Cocktails gemixt . Auskunft: *Am Fort. 75 km südwestl.*

MAMALLAPURAM (MAHABALIPURAM) ★ ● (149 F4) *(H9)*

55 km südlich von Chennai liegt bei der gleichnamigen Ortschaft (13 400 Ew.) das unvergleichliche Unesco-Weltkulturerbe Mamallapuram. Bis heute hat sich dort die Steinmetztradition gehalten, überall ist der Klang von Hammer und Meißel zu hören. Um den Zauber der einstigen Hauptstadt der Pallava-Könige und ihrer Tempel auf sich wirken zu lassen, brauchen Sie Zeit. Es empfiehlt sich, ein Fahrrad *(30 Rps./Tag)* zu leihen.

Majestätisch ragt der *Shore Temple (Eintritt 250 Rps.),* der Meerestempel, aus dem 7. Jh. mit seinen beiden Zwillingsschreinen über die Küste. Von den neun Höhlentempeln ist die Krishna-Höhle wegen ihrer realistischen Darstellungen besonders sehenswert. Die fünf Tempelwagen, *rathas,* wurden als Monolithe aus einem einzigen Steinblock gemeißelt, haben jedoch keine Räder. Zwischen den Wagen steht ein lebensgroßer Steinelefant. *Arjunas Buße* ist eines der größten und schönsten Flachreliefs (27 × 9 m) der Welt – voller Elefanten, Himmelswesen und Menschen.

Von der Natur geformt wurde *Krishnas Butterkugel* – ein riesiger, tonnenschwerer Granitblock, der dem Gesetz der Schwerkraft zum Trotz den stark geneigten Hang nicht hinunterrollt.

Wegen des netten Ambiente steigen die Crews internationaler Fluggesellschaften gern im INSIDER TIPP *Ideal Beach Resort (164 Devenera Village | Tel. 044 2 44 95 16 14 | www.idealresort.com | €€)* ab. Die roten Bungalows mit 69 Zimmern liegen in einem großen Garten, mit Ayurveda-Zentrum, Beauty Parlor, Tennisplatz und Pool. Die 49 hellen Zimmer im *Sea Breeze (Tel. 044 27 44 30 35 | €–€€)* sind zwar schlicht, dafür bietet das Hotel einen schönen Blick auf den Meerestempel. Es hat einen Pool, ein Gartenrestaurant und ein Ayurveda-Zentrum. Auskunft: *Touristeninformation | East Raja Street | Tel. 044 27 44 22 32*

MANGROVEN PICHAVARAM FOREST ●

(151 F2) *(G10)*

Abseits der Zivilisation führt die Fahrt mit dem Boot durch die Mangroven. Der *Pichavaram Forest,* 13 km östl. von Chidambaram, ist mit 11 km² nach den Sundarbans der zweitgrößte Mangrovenwald der Welt, Heimat für eine Vielzahl von Vögeln wie Kormorane, Störche, Ibisse, Pelikane; 144 Arten wurden bisher geortet. Es werden Motorboot- und Ruderboottouren (man wird gerudert) angeboten. *Touren für 2, 4 und 6 Std. | ab 200 Rps., zzgl. 5 Rps. Eintritt | Tourist Office Chidambaram | Railway Feeder Rd. | Boot-Dept. | Tel. 04144 29 08 60*

PUDUCHERRY (PONDICHERRY) ★

(151 F1) *(G–H 9–10)*

Die Stadt (800 000 Ew.) wird durch einen Kanal geteilt. Auf der einen Seite moderne 08/15-Gebäude, auf der anderen die „weiße Stadt“, die als Exhauptstadt Französisch-Indiens kolonialen Charme versprüht. 8 km südl. liegt der abgeschiedene *Paradise Beach,* mit dem Boot über einen kleinen Fluss von Chunnambar-Resort aus zu erreichen. An der Seepromenade *Goubert Salai* wird mit einer 4 m hohen Statue der große Staatsmann Mahatma Gandhi geehrt. Das *Puducherry Government Museum (Di–So 10–17 Uhr)* in der St. Louis Street zeigt eine Sammlung seltener Bronze- und Steinskulpturen aus der Pallava- und der Chola-Dynastie sowie das Bett des Generalgouverneurs François Dupleix.

In ● *La Boutique d'Auroville (Jawaharlal Nehru Street)* können Sie sich mit einer Broschüre *(40 Rps.)* einstimmen auf INSIDER TIPP *Auroville (www.auroville.org | 10 km nördl. von Puducherry)* und den *Sri-Aurobindo-Aschram.* Und eine Menge schöner Dinge kaufen, die im Aschram produziert werden. Das größte spirituelle Zentrum Indiens wurde 1968 von Mira Alfassa, „The Mother“ genannt, als Nachfolgerin des Philosophen Sri Aurobindo gegründet. Vision war eine universelle Stadt geistiger Freiheit, die 50 000 Menschen aufnehmen kann. Momentan leben rund 2000 Menschen aus 40 Nationen auf dem 25 km² großen Aschramgelände. Sein Mittelpunkt ist der 29 m hohe *Matri Mandir,* ein Meditationszentrum unter einer goldenen Kuppel. Im *Visitor's Centre (tgl. 9.30–12.30 u. 14–16 Uhr | Tel. 0413 2 62 22 39)* gibt man auch Auskunft über Yogakurse und vermittelt schlichte Unterkünfte. Überall im Preis ab ca. 350 Rps. enthalten: Wäsche, Leihrad, Verpflegung. Auskunft in Puducherry mit sehr bemühten, kompetenten Mitarbeitern: *Goubert Ave. (Küstenstraße) | Tel. 0413 2 33 94 97.*

Außer dem Aschram bietet auch *The Dune Eco Beach Village (Pudhukuppam, Keelputhupet | Buchung über Pondicherry Universität | Tel. 0413 2 65 57 51 | www.thedunehotel.com | €€),* etwa 15 km von Puducherry entfernt, eine nicht alltägliche Unterkunft. Dieses Künstlerdorf mit seinen 30 Villen und 20 Zimmern hat einen Pool, eine organische Farm, Tennisplatz sowie Spa, in dem Ayurveda-

Behandlungen und Yoga angeboten werden. *165 km südl.*

MADURAI

(151 D4) (*F11*) **Alles in dieser 2500 Jahre alten Stadt (1,2 Mio. Ew.) am Vaigai-Fluss rankt sich um den Sri-Meenakshi-Tempelkomplex.**

Die Straßenplanung von Madurai ist auf die Tempel-*gopurams* ausgerichtet. Die nüchternen Neubauten stehen zwar in krassem Widerspruch zur opulenten Pracht der religiösen Anlage, doch der süße Duft, der durch die Stadt zieht, entschädigt dafür. Denn Madurai ist berühmt für seine Jasminblüten, die an jeder Ecke angeboten werden. In der Altstadt mit ihren engen Gassen, dem Basar und der autofreien Zone herrscht rege Betriebsamkeit. Schon als Hauptstadt der Pandya-Dynastie, die ihr Reich von hier aus bis ins 10. Jh. fast ein Jahrtausend lang regierte, war Madurai sowohl eine florierende Handelsmetropole als auch Sitz von drei literarischen Akademien.

SEHENSWERTES

GANDHI MEMORIAL MUSEUM

Das Museum ist dem großen Philosophen und Freiheitskämpfer Mahatma Gandhi (1869–1948) gewidmet. Außer einer großen Fotoausstellung über sein Leben werden etliche antibritische Schriften gezeigt. Außerdem sind Teile seiner kargen persönlichen Habe ausgestellt, darunter der blutbefleckte *dhoti* (Hüfttuch), den Mahatma Gandhi bei seiner Ermordung trug. *Tgl. 10–13 u. 14–17.30 Uhr | Eintritt frei, Kamera 50 Rps. | Rani-Mangammal-Palast | www.gandhimmm.org*

SRI-MEENAKSHI-SUNDARESHWARAR-TEMPEL ★

Das größte bauliche Wunderwerk in ganz Südindien ist Gott Shiva in seiner Form als *Sundareshwarar* und seiner Gattin

Eins, zwei, drei ... Vergessen Sie's, 33 Mio. Figuren sollen den Sri-Meenakshi-Tempel zieren

Parvati in ihrer Form als *Meenakshi* gewidmet. Weithin sichtbar dominieren vier bis zu 46 m hohe *gopurams* die Stadt. Insgesamt gibt es zwölf *gopurams* im Tempelbezirk; eine unglaubliche Dichte bunter Götterfiguren und Dämonen ziert die frisch renovierten Türme – ganze 33 Mio. sollen es sein. Seit seiner Errichtung 1560 wurde der Komplex in Madurais Altstadt stetig erweitert bis zur heutigen Größe von 65 000 m². Er gilt als perfektes Beispiel für dravidische Baukunst. Besonderer Höhepunkt ist die 1000-Säulen-Halle. Nebenan liegt ein Kunstmuseum mit Statuen aller Hindugötter. Nichthindus haben keinen Zutritt zum Meenakshi-Schrein. Bei der täglichen *Arathi-Zeremonie* von 21 bis 21.30 Uhr wird die Statue von Shiva in einer Silbersänfte durch den Tempel getragen. *Tgl. 5–12.30 u. 16–21.30 Uhr | 50 Rps., Kamera 30 Rps., Video nicht erlaubt, Eintritt Kunstmuseum 10 Rps. | www.maduraimeenakshi.org*

THIRUMALAI NAYAK PALACE

Der Palast, der etwa 1,5 km vom Meenakshi-Tempel entfernt liegt, wurde 1636 für den Herrscher Thirumalai Nayak erbaut. Das imposante Gebäude ist berühmt für seine Ornamente an Kuppeln und Bögen sowie für die massiven weißen Säulen, die bis zu 20 m hoch aufragen. Der *Swargavilasa* (Himmelspavillon) misst 75 × 52 m und wölbt sich ohne eine einzige Stütze! Eine Licht-Ton-Show *(auf Englisch um 18.45 Uhr)* erweckt Thirumalai Nayak, einen der beliebtesten Könige Madurais, wieder zum Leben. *Tgl. 9–13 u. 14–17 Uhr | 50 Rps, Kamera/Video 100 Rps.*

ESSEN & TRINKEN

INSIDER TIPP AARATHY

Das Schönste an dem Restaurant im Vorgarten (rund 25 Plätze) des Aarathy-Hotels, in dem rein vegetarische Gerichte wie *thalis* zubereitet werden, ist die Fütterung des Tempelelefanten. Zweimal täglich, um 6.30 und 17 Uhr, zieht der Dickhäuter dort vorbei und lässt sich von den Gästen mit *idlis* (Reiskuchen), *chapatis* (Fladenbrot) und Früchten füttern. *9 Perumal Koil | West Mada Street | Tel. 0452 2 33 15 71 |* €

ANNA MEENAKSHI

Sehr günstig ist dieses vegetarische Restaurant, das köstliche *thalis* authentisch auf Bananenblättern serviert. *West Perumal Maistry Street |* €

SURYA

Wegen des unbezahlbaren Blicks von der Dachterrasse auf den beleuchteten Meenakshi-Tempel empfiehlt sich das Restaurant Surya mit vegetarischen, indisch-chinesischen Gerichten. Auch Bier wird serviert. *Per Autorikscha vom Tempel ca. 10 Min, Hotel Supreme | 110 West Perumal Maistry Street | Tel. 0452 2 34 31 51 | www.supremehotels.com |* €€

EINKAUFEN

Madurai ist berühmt für seine Baumwollstoffe. Besonders günstig sind Saris aus Baumwolle, die hier in unglaublich vielfältigen Farben und Mustern verkauft werden.

PUDUMANDAPAM MARKET ●

In dem überdachten Basar gegenüber dem Osteingang zum Meenakshi-Tempel gibt es Stände mit wunderbaren Mitbringseln wie Bücher, ätherische Öle, Kissenbezüge und Schals. An die INSIDER TIPP 250 Maßschneider garantieren Ihnen die Fertigstellung binnen einer Stunde. Am besten geben Sie Ihre Bestellung vor dem Tempelbesuch auf und holen das Kleidungsstück danach

Wäschewaschen im Blütenmeer: für Touristen eine Idylle, für Inder Alltag in Chettinad

ab. Gut und schnell arbeitet *Shop Nr. 126, Vijaya Stores*.

ÜBERNACHTEN

HOTEL CHENTOOR

Eins der beliebtesten Budgethotels mit 48 nett eingerichteten Zimmern – einige mit Balkon – liegt 10 Min. vom Tempel entfernt. Von der Dachterrasse mit dem *Emperor-Restaurant* hat man einen tollen Blick. *106 West Perumal Maistry Street | Tel. 0452 3077777 | www.hotelchentoor.in* | €–€€

THE GATEWAY HOTEL PASUMALAI MADURAI

Das über 100 Jahre alte Kolonialgebäude hat 63 Zimmer. Es steht 3 km außerhalb der City in einer weitläufigen Gartenanlage auf einem Hügel und bietet einen herrlichen Rundblick auf die Tempelstadt und die Kodai Hills. Außerdem: Freiluftpool und Ayurveda- bzw. Fitnesszentrum. *40 TPK Rd. | Tel. 0452 2371601 | www.thegatewayhotels.com* | €€–€€€

GRT REGENCY

Das nüchterne Geschäftshotel ist zentral gelegen, sehr sauber, hat 55 funktionelle Zimmer, einen gläsernen Außenfahrstuhl und ein nettes Restaurant mit guter Küche. *38 Madakulam Rd. | Tel. 0452 2371155 | www.grtregency.cem* | €€

AUSKUNFT

TOURIST INFORMATION

180 West Veli Street | weitere Schalter am Flughafen und Bahnhof | Tel. 0452 2334757

ZIELE IN DER UMGEBUNG

CHETTINAD (151 D–E4) (*F–G11*)

Die Gegend besteht aus einer Ansammlung von 74 Dörfern, zwischen 80 und 130 km östl. von Madurai. Sie gilt noch als wenig besuchter Geheimtipp, weil hier auf engstem Raum viele palastartige Prachtbauten mit kostbaren Antiquitäten liegen, die wohlhabende Kaufleute im 19.Jh. bauen ließen. Die viel gerühmte Chettinad-Küche gilt wegen ihrer verschiedenen Einflüsse als aromatischste und raffinierteste ganz Indiens. In den hübschen Dörfern ist authentische Handwerkskunst erhalten geblieben. So können Sie in der größten Stadt der Region, *Karaikudi* (86 000 Ew.), ein Sari-Webzentrum besuchen oder in *Athangudi* die Herstellung wunderbarer Kacheln bei *Sri Ganapathy Tiles (A. Muthuppattinam, Karaikudi Main Rd. | Tel. 04565 28 13 53)* beobachten. Viele der Herrenhäuser können besichtigt werden. In einigen sind wunderschöne Hotels entstanden wie das *Visalam (Tel. 04565 27 33 01 | www.cghearth.com | €€€)* in Kanadukathan/Karaikudi mit 15 über 100 m² großen Räumen und Pool. Köchin Pandiyamma verwöhnt die Gäste mit Chettinad-Spezialitäten. Daneben steht der *Chettinadu-Palast (tgl. 9–18 Uhr | Eintritt frei | 11 AR Street, Kanadukathan)* mit seinen Teakholzsäulen und Antiquitäten. Funktional, praktisch, preiswert: das zentral an der Bushaltestelle Sivagangai in Karaikudi gelegene Budgethotel *Udhayam (333 Sekkala Rd., Five Lamps | Tel. 04565 22 33 23 | €)* mit 86 Zimmern mit Dusche.

KANYAKUMARI (KAP KOMORIN)

(150 C6) *(🕮 E13)*

An der Südspitze des Subkontinents, dort wo das Arabische Meer auf den Indischen Ozean trifft, liegt Kap Komorin (23 000 Ew.), bekannt für spektakuläre Sonnenauf- und Sonnenuntergänge. Der gesamte Ort ist ein bedeutendes Pilgerziel. Hier wurde 1948 ein Tempel für Mahatma Gandhi errichtet – der *Gandhi Mandapam*. Exakt an Gandhis Geburtstag am 2. Oktober fallen die Sonnenstrahlen auf den einstigen Standort der Urne. Auf einem Felsen, 500 m vor dem Festland, hat das einstige spirituelle Oberhaupt Swami Vivekananda vom 25. bis 27. Dezember 1892 ununterbrochen meditiert. Per Fähre *(tgl. 9–16 Uhr | 30 Rps.)* sind ein Denkmal des Swamis auf diesem Felsen und die Statue des Poeten Thiruvalluvar (ca. 200 v. Chr.) auf einem anderen zu erreichen.

Die traumhaft schöne, recht einsame Sandbucht ganz im Süden, INSIDER TIPP *Vattakotai Beach*, 6 km nordöstlich von Kanyakumari, ist mit ruhigem Wasser und dichtem Palmenhain noch ein echter Geheimtipp. Vom *Vattakottai Fort* aus dem 18. Jh. bietet sich ein toller Blick über die sichelförmige Bucht. Das ruhige *Vivekananda Kendra Rest House (100 Zi. | Vivekanandapuram | Tel. 04652 27 12 50 | www.vkendra.org/accommodations | €)* hat einen großen Garten und Gratisshuttle zur 2 km entfernten Stadt. *242 km südwestl.*

RAMESHWARAM BEACH

(151 E5) *(🕮 G12)*

Die heilige Insel Rameshwaram mit den Tempeln *Ramalingeshwaram, Gandhamandana Parvatam* und *Nambunayagi Amman Kali* liegt 163 km südöstlich von Madurai. Sie ist über eine Brücke vom Festland aus zu erreichen. Ihre flach abfallenden Sandstrände sind von Palmen gesäumt und – abgesehen von Fischern – menschenleer. Das seichte, klare Wasser ist ideal zum Schwimmen und Schnorcheln.

THANJAVUR (TANJORE)

(151 E3) *(🕮 G10)*

Die einstige Hauptstadt des Chola-Reichs (223 000 Ew.) liegt in einem Reisanbaugebiet des fruchtbaren Kaveri-Deltas. Noch heute schmückt sich Thanjavur mit 90 Tempeln. Zu den eindrucksvollsten zählt der *Brihadishwara-Tempel (tgl. 6–13 u. 15–20 Uhr)* aus dem 10. Jh. – ein Unesco-Weltkulturerbe. Der *gopuram* aus rotem Sandstein misst 72 m, der

Nandi-Stier ist fast 6 m lang und wiegt 25 t. Die *Saraswati Mahal Library (Do–Di 10–13 u. 13.30–17.30 Uhr | Palace Campus | www.sarasvatimahallibrary.tn.nic.in),* die um 1700 im *Thanjavur Palace* eingerichtet wurde, gilt als bemerkenswerteste Bibliothek des Subkontinents. Sie beherbergt außer bedeutenden orientalischen und europäischen Werken von Dichtern und Königen über 44 000 Palmblätter, beschrieben mit medizinischen Rezepten und Diagnosen in Sanskrit und Alt-Tamil. Hinter den wuchtigen Festungsmauern des *Thanjavur Palace* (um 1550) *(tgl. 9–18 Uhr | Eintritt frei | Kunstgalerie im Palast 20 Rps.)* faszinieren die wunderbaren Fresken, ein unterirdischer Tunnel und die prächtige *Durbar Hall,* einstige Empfangshalle des Königs. Zum Übernachten in der Stadt empfiehlt sich das *Parisutham (55-G A Canal Rd. | Tel. 04362 23 18 44 | www.hotelparisutham.com | €€€).* Das moderne, terrassenförmig angelegte Hotel liegt direkt am Kanal, hat einen schönen Außenpool, ein Ayurveda-Zentrum und 55 geschmackvoll eingerichtete Zimmer. 1 km außerhalb von Thanjavur liegt das neue *Paradise Resort (3/1216 Tanjore Main Rd., Darasuram, Ammapet, Kumabakonam | Tel. 0435 2 41 64 69 | www.paradiseresortindia.com | €€)* an einem Flüsschen mitten zwischen Reisfeldern. Die kleinen Bungalows mit insgesamt 18 Zimmern sind mit Antiquitäten aus den umliegenden Dörfern bestückt. Das Restaurant befindet sich im 200 Jahre alten Haupthaus, Sie können aber auch in Baumhäusern essen. Die ruhige Lage eignet sich gut für eine Ayurveda-Kur. Auskunft: *Hotel Tamil Nadu Complex, Gandhiji Rd. | Tel. 04362 23 14 21. 158 km nordöstl.*

TIRUCHIRAPPALLI (TRICHY)

(151 E3) *(🗺 G11)*

Die grüne Stadt (1 022 000 Ew.) im Norden von Madurai liegt am Kaveri-Fluss. 5 km außerhalb erhebt sich abrupt das

Keine Angst vor Dickhäutern: Der Brihadishwara-Tempel schmückt sich mit einem Elefanten

83 m hohe ★ Rock Fort mit dem *Ucchi-Pillayar-Tempel (tgl. 6–20 Uhr | Video 50 Rps.)* auf dem Gipfelplateau. Dieser Felsen soll ca. 3,8 Mrd. Jahre alt sein. Der steile Anstieg zur Festung führt über 344 Stufen. Am Weg liegen kleine Höhlentempel aus dem 7. Jh. Die Aussicht lohnt die Anstrengung!

Huckepack in der Tempelstadt Srirangam

6 km nördlich von Tiruchirappalli erstreckt sich die legendäre Tempelstadt *Srirangam* über eine 2,5 km² große Insel, die von zwei Flüssen – Kaveri und Kollidam – umgeben ist. Der *Sri-Ranganathaswamy-Tempel (tgl. 6.15–13 und 15.15–20.45 Uhr | Kamera 20 Rps., Video 70 Rps., Turmbesteigung 10 Rps.)* aus dem 14.–17. Jh. mit seinen 21 *gopurams* zählt zu den größten Indiens, ist Gott Vishnu gewidmet und ein wichtiges Pilgerzentrum. Er besitzt sieben Innenhöfe und eine imposante 1000-Säulen-Halle. Daneben steht der *Jambukeshwara-Tempel (tgl. 6–13 und 16–21.30 Uhr | Kamera 20, Video 150 Rps.)* – er ist zwar ebenso alt, jedoch mit sieben *gopurams* bedeutend kleiner. Bedenken Sie, dass Nichthindus keinen Zutritt zum Allerheiligsten haben. Der Tempel ist um ein *Shiva-Lingam* herum gebaut, das in einer heiligen Quelle steht.

Nostalgisches Flair weht durch das *Ashby Hotel (17 A Junction Rd. | Tel. 0431 2 46 06 52 | www.ashbyhotel.com | €)*, 3 km vom Zentrum. Die Möbel im Kaufmannshaus von 1923 sind aus Teak, in den 20 Zimmern surren Deckenventilatoren. Teurer ist es im 4-Sterne-Hotel *Sangam (Collector's Office Rd. | Tel. 0431 2 41 47 00 | www.hotelsangam.com | €€€)*, dafür gibt es viel Komfort wie Health Club und Pool. Auskunft: *Tourist Information Centre | Williams Rd. | Tel. 0431 2 46 01 36. 95 km nördl.*

UDHAGAMANDALAM (OOTACAMUND ODER OOTY)

(150 B2) (*D10*) ★ **Als Zuflucht vor der Hitze der Ebenen richteten sich die Kolonialherren zwischen 1858 und 1947 für die Sommermonate komfortable Unterkünfte in den kühlen Bergen ein.** Von dort betrieben sie sogar die Regierungsgeschäfte. Dadurch wurden soge-

nannte *hill stations* wie *Ooty, Munnar, Coonoor* und *Kodaikanal* in Südindien sehr bekannt. Im Winter sinken die Temperaturen in der Höhe auch mal bis auf den Gefrierpunkt.

Die „Königin der hill stations", wie Ooty (233 000 Ew.) auch genannt wird, entstand im frühen 19. Jh., eingebettet in eine Hügellandschaft, grüne Teeplantagen, Pinien- und Eukalyptuswälder. Der Ort zieht sich über weite Hänge, an den gewundenen Straßen stehen hübsche Häuser mit Blumengärten. Etwas außerhalb aber ähneln die heruntergewirtschafteten Viertel eher brasilianischen Slums.

Die Briten vertrieben sich einst ihre Zeit in Ooty mit Tennis, Golf, Reiten und dem typischen Clubleben, heute ist hier eher Trekking angesagt. Erholsam ist der Bergort mit seinem hohen Freizeitwert auf jeden Fall noch immer.

SEHENSWERTES

BOTANISCHER GARTEN

Diesen 20 ha großen, parkähnlichen Garten mit seinen weiten Rasenflächen legten die Briten 1847 an. Er wellt sich sanft über einen Hügel und mutet sehr englisch an. Außer seltenen Bäumen, Büschen und Blumen steht hier auch ein 20 Mio. Jahre alter, versteinerter Baum. Im Ostteil, auf dem *toda mund* (Hügel), ist eine kleine Siedlung des Toda-Stamms zu sehen. *Tgl. 8–18.30 Uhr | 20 Rps., Kamera 30 Rps., Video 300 Rps.*

ST. STEPHEN'S CHURCH

Dieses weiß-grüne neogotische Gebäude stammt aus dem Jahr 1820. Das Holz für die Konstruktion sollen angeblich britische Soldaten aus dem Tipu-Sultan-Palast in Srirangapatnam entwendet und mit Elefanten nach Ooty gebracht haben. Das auffälligste Merkmal der Kirche ist der *Clock Tower* mit der großen Uhr. *Mysore Rd.*

THE THREAD GARDEN

12 Jahre lang haben 50 Frauen daran gearbeitet und fast 60 Mio. Meter Garn verwendet. Daraus ist ein künstlerischer Zaubergarten aus bunten Blumen, Pflanzen, Lotusteichen und Rasenflächen entstanden. Die *vierdimensionale Stickerei* ist eine neue Technik, die komplett ohne Maschinen oder Nadeln entstanden ist – in reiner Handarbeit. *An der North Lake Rd. gegenüber dem Bootshaus | 10 Rps. | www.threadgarden.com*

ESSEN & TRINKEN

DHABA EXPRESS

In dem schlichten Restaurant bekommen Sie gutes, nordindisches Essen. *Lake view, gegenüber dem Bootshaus | Tel. 0423 2 44 46 33 | €*

GARDEN CAFÉ

Dieser Coffee Shop öffnet sich zum Garten hin und bietet typisch südindische Snacks wie *idli* und *dosa. Nahar Nilgiris, Charing Cross | €*

SIDE WALK CAFÉ

Italien grüßt Indien, und zwar in Form von Pizza und Cappuccino, angereichert mit amerikanischen Burgern und Sandwiches. Freundliche Einrichtung, guter Service. *Commercial Rd. | €*

EINKAUFEN

TIBET MARKET

Tibetanische Flüchtlinge verkaufen warme Wollmützen, Schals, Handschuhe, Hausschuhe. Außerdem gibt es farbenfrohe *tankas* – Wandbehänge mit spirituellen Zeichen. *Gegenüber dem Eingang zum Botanischen Garten*

FREIZEIT & SPORT

BOOTE

Im Bootshaus am künstlich angelegten See gibt es alle Arten von Booten zu mieten. *6 Uhr bis Sonnenuntergang | 75 Rps. für 30 Min. Tretboot, 300 Rps. für 20 Min. Motorboot*

REITEN

Ein Ausritt auf den weichen Wegen außerhalb der Stadt macht Spaß. Bei Anfängern führt ein Guide die Pferde. Sie stehen meist dort, wo Touristen anzutreffen sind. *Ab ca. 100 Rps. für 30 Min.*

TREKKING

Der *Dodabetta-Snowdon-Ooty-Walk* beginnt an der *Dodabetta Junction.* Der angenehme Weg zieht sich serpentinenartig durch den Wald bergab bis Ooty. Er dauert ca. 3–4 Stunden und ist nicht anstrengend. Mehr Kondition dagegen erfordert die Zweitagestour *Ooty–Avalanche–Upper Bhavani–Kolaribetta–Emerald–Ooty,* die von Ooty aus 24 km südwestlich zum Avalanche-Damm führt. Nach der Übernachtung im *Forest Department Guest House (Wildlife Office | Ooty)* geht es am nächsten Tag zum pittoresken Upper-Bhavani-See. Eine kurze Strecke führt durch den *Mukurthi National Park* zum Kolaribetta-Berg. Der Aufstieg zum Gipfel in 2625 m Höhe ist nicht sehr anstrengend, der Ausblick phantastisch. Auf dem Rückweg in nordöstlicher Richtung passieren Sie den Emerald-See. Von dort fahren Busse zurück nach Ooty. Infos: *Office Wildlife Warden, geht von der Church Hill Rd. ab | Tel. 0423 2 44 40 98*

AM ABEND

Wie beliebt Kino in Indien ist, zeigt die Zahl von sieben Lichtspielhäusern allein in Ooty. Auch wenn der Bollywoodfilm nicht Englisch synchronisiert sein sollte – gönnen Sie sich das Erlebnis, wie das Publikum mit den Darstellern weint, lacht, liebt. Großes Kino im Kino!

Nicht typisch indisch, aber eine nette Abwechslung: Tretboottour auf dem See von Ooty

ÜBERNACHTEN

AAKRITI

Das Eco-Homestay im Boutiquestil liegt 19 km außerhalb Ootys in den Teeplantagen. Es hat zwei sehr hübsch eingerichtete Cottages, die junge Familie Viswakumar pflegt guten Kontakt zu ihren Gästen und isst auf Wunsch gemeinsam mit ihnen. Es gibt auch Kochkurse inklusive Farmbesuch (1500 Rps., ab 3 Nächten sind die Kochkurse gratis). Gern zeigen die Gastgeber auf Ausflügen in die Umgebung die Sehenswürdigkeiten. *399 Coonoor Rd., Coonoor | Tel. 094 43 85 19 35 | www.ecohomestay.com |* €€–€€€

FERNHILL PALACE

Leben wie ein Sahib oder eine Memsahib in der Kolonialzeit – die ehemalige Sommerresidenz des Maharajas von Mysore mit ihren 30 Suiten inkl. Whirlpool vermittelt genau dieses Gefühl. Abends treffen sich die Gäste am Kamin, morgens werden Sie mit einer Tasse Tee geweckt. *Fernhill Post | Tel. 0423 2 44 39 10 | www.welcomheritagehotels.com |* €€€

THE NILGIRI WOODLANDS

Das alte Kolonialgebäude mit seinen Teakholzmöbeln und offenen Kaminen hat 29 Zimmer, jedes ist anders eingerichtet. Davor verläuft eine gemeinsame Veranda mit Blick auf die Rennbahn. *Race Course Rd. | Tel. 0423 2 44 25 51 |* €€

AUSKUNFT

TOURISTENINFORMATION

Wenlock Rd. | Tel. 0423 2 44 39 77

ZIELE IN DER UMGEBUNG

DODDABETTA (150 B2) (*D10*)

Der höchste Punkt der Niligiris bietet auf 2638 m Höhe von einem Aussichtsturm ein traumhaftes Panorama der Umgebung. Dodabetta bedeutet „hoher Berg" und liegt etwa 10 km östlich von Ooty. an der Grenze zwischen den Eastern und den Western Ghats. Busse bringen Sie bis zum Gipfel.

MUDUMALAI WILDLIFE SANCTUARY (150 A–B2) (*D–E10*)

36 km nordwestlich von Ooty liegt der 321 km² große Naturschutzpark, der erste Wildpark in Indien, Teil des *Jawaharlal Nehru National Park.* Er weist eine Vielzahl unterschiedlicher Landschaften auf – Flachland, offene Steppe, Sümpfe und Täler. Elefanten, Tiger, Panther, Rotwild und Makaken-Affen sind dort beheimatet. Es werden Elefantenritte und Minibustouren angeboten. *Eintritt 35 Rps.* Bambushütten, Luxusresorts, Baumhäuser – jeder Naturfreund findet im *Jungle Retreat (Bokkapuram, Masinagudi | Tel. 0423 2526469 | www.jungleretreat.com |* €*)* die geeignete Unterkunft. Abseits der Zivilisation, ohne TV und Telefon, dafür mitten im Nationalpark.

INSIDER TIPP PYKARA (150 B2) (*E10*)

Pykara ist seit Jahrhunderten die Heimat der *todas* – einer der letzten verbliebenen Bergstämme in dieser Region. Sie leben in fassförmigen Hütten aus Gras und Bambus. Gern zeigen die Büffelhirten Ihnen ihre Siedlungen, *sholas* genannt. Auf dem Weg dorthin lohnt das Bootshaus auf dem Damm am Pykara River wegen seiner schönen Aussicht einen Stopp. *21 km nordöstl.*

TRIBAL RESEARCH CENTER (150 B2) (*E10*)

Das Museum bietet drinnen und draußen einen Einblick in die Kultur der verschiedenen Bergstämme, allen voran der *todas (Mo–Fr 10–17 Uhr | Eintritt frei). 11 km südöstl.*

AUSFLÜGE & TOUREN

Die Touren sind im Reiseatlas, in der Faltkarte und auf dem hinteren Umschlag grün markiert

1 VIEL SPASS FÜR WENIG GELD: MIT DEM DAMPFZUG NACH OOTY

Seit 2005 ist der Blue Mountain Train als Teil der Railways of India, zu dem auch drei Bergzüge gehören, ein Unesco-Welterbe. Auf einem schmalen Zahnradgleis schraubt er sich in den Niligiri-Bergen von Mettupalayam bis hinauf nach Udhagamandalam (Ooty). Das technische Meisterwerk der Briten wurde 1891 begonnen und 1908 beendet. Auf der 46 km langen Strecke überwindet der kleine *Toy Train* einen Höhenunterschied von fast 2000 m. Seine Fahrt führt Sie durch eine spektakuläre Szenerie mit schwindelerregenden Brücken, langen Tunnels und tiefen Schluchten. 4,5 Std. braucht der Blue Mountain Train für die Strecke.

Spätestens an der vierten von insgesamt zwölf Stationen haben sich alle Passagiere des drolligen **Toy Trains**, offiziell INSIDER TIPP *Blue Mountain Train*, kennengelernt, auf winzigen Bahnhöfen, die – wie der blaue Zug selbst – der adretten Anlage einer Spielzeug-Eisenbahn entsprungen zu sein scheinen. Wie elektrisiert springen die Fahrgäste an jeder Station aus den Abteilen, rennen über die Gleise, füttern Affen, kaufen Tee und Snacks von Verkäufern, sowie Blumenketten, mit denen sie sich behängen. Jeder redet mit jedem, teilt Verpflegung und wechselt den Platz je nach Aussicht. Und die ist spektakulär! Mit gewaltiger Dampfwolke pafft die

Bild: Munnar, Teeplantagen beim Mattupetty Lake

Mit Volldampf in die Berge: Meistern Sie den Aufstieg aus eigener Kraft oder lassen Sie sich vom Bilderbuchzug mitnehmen

Lokomotive in den Berg hinein, fährt auf 26 zum Teil abenteuerlich schmalen Brücken und Viadukten, über gähnende Abgründe wie an der steilsten Strecke der **Hulikal-Schlucht**. Sie faucht durch dichten Dschungel und grüne Teeplantagen. Manchmal traben übermütige Elefanten für eine kurze Strecke mit, oft hocken Affen auf Bäumen und Dächern, bestaunt von den Passagieren, die sich weit aus den Fenstern hängen und sich in jeder Kurve zuwinken. Bei besonders langsamem Tempo springen Kinder aufs Trittbrott und lugen neugierig ins Abteil, augenzwinkernd geduldet vom Zugschaffner. Zahlreiche Tunnel muss der Zug passieren – 16 sind es insgesamt. Der Lokführer gestattet einigen Passagieren, zu ihm in den offenen Führerstand zu klettern, den er mit Blümchen und Bildchen geschmückt hat. Die Hitze dort ist allerdings kaum zu ertragen, außerdem schwärzt der Ruß das Gesicht.

Das Ende des Zahnradgleises ist in **Coonoor** erreicht, dort übernimmt eine Diesellok. Wenn es irgendwann nach

Eukalyptus riecht, steht die Ankunft in **Ooty** → S. 110 bevor. Mitten unter den Wartenden auf dem Bahnsteig – eine Kuh. Und ein Mann, der sich unbeirrt die Zähne putzt. Und dann geht alles unter

Einsteigen in den „Spielzeug-Zug"!

in dem üblichen Geschrei an Bahnhöfen, Flughäfen, Busstationen: „Taxi? Hotel? Gepäckträger?" Indien live! Von Ooty aus können Sie entweder mit dem Blue Mountain Train zurück bis Mettupalayam fahren, oder Sie nehmen den Bus nach Bengaluru, Calicut, Kanyakumari, Kochi, Mysore, Thanjavur und Tirupathi. Blue Mountain Train: *Abfahrt in Mettupalayam tgl. 7.10 Uhr, Ankunft Ooty mittags | Tickets am Bahnhof | Ooty Rd. | Tel. 04254 22 22 85 | unbedingt vorher reservieren, online über www.indianrail.gov.in, die Codes für Mettupalayam und Ooty lauten: MTP und UAM, Zug-Nr. 56136 | 2.-Kl.-Ticket einfache Strecke inkl. Res.-Gebühr 33 Rps., 1. Kl. (wegen der Aussicht unbedingt zu empfehlen!) 150 Rps.*

2 TREKKING ZUM GIPFEL DES MEESAPPULIMALA

Bergwandern in der herrlichen Natur der Western Ghats ist eine ganz besondere Erfahrung. Flora und Fauna sind unglaublich vielfältig. Die zweitägige Tour auf den Meesappulimala führt mit einem kundigen Guide zwischen Bergziegen und Elefanten, bunten Schmetterlingen und violetten Rhododendren bis auf 2640 m mit zwei Übernachtungen in Zeltcamps.

Der **Meesappulimala** ist der zweithöchste Berg der Region, 25 km östlich von **Munnar** → S. 57. Fürs Meesappulimala-Trekking müssen Sie erst die Erlaubnis des *Forest Developments (KFDC)* in Munnar einholen. Möglich ist auch eine begleitete Tour mit Guides, die das Gepäck tragen, kochen und unterwegs Flora und Fauna erklären.

Nach der Einweisung durch einen Naturkundler im **Silent Valley Estate** steigt die Gruppe von Munnar aus drei Stunden bis zum Land's End Camp auf 2325 m auf. Die Wanderung führt durch hoch gelegene Tee-, Kaffee- und Kardamomplantagen. Die weiten Grasflächen **Shola Grasslands** mit ihren hohen Farnen bieten Schutz für Rotwild, Bisons und Riesen-Eichhörnchen. Blumenliebhaber können sich nicht satt sehen an den wilden Orchideen, die versprenkelt auf den Wiesen wachsen. Der immergrüne Regenwald und die grasbewachsenen Berge bieten auch der *Niligiri tahr,* der vom Aussterben bedrohten Bergziege, Schutz und Lebensraum. Immer wieder lugen die *tahrs* neugierig vom Hang auf die Wanderer, sind jedoch zu scheu, um auf Tuchfühlung zu gehen.

Zum Sonnenuntergang führt der Guide die Gruppe zu einem besonders schönen Aussichtspunkt. Von dort blickt man auf den faszinierenden Kontrast zwischen dem tiefen Schatten, den der höchste Berg **Anamudi** (2695 m) auf die übrigen Berghänge wirft, und dem in flammendes Rot getauchten Gipfel. Keiner spricht ein Wort, die Symphonie der Vogelgesänge, die um diese Stunde besonders stark anschwillt, ist als harmonische Hintergrundmusik einfach nicht zu überbieten. Übernachtet wird im **Land's End Camp** in Zweimannzelten, Matten und Schlafsäcke werden gestellt. Eukalyptus- und Pinienwälder sind voller Vögel, die am nächsten Morgen zum rechtzeitigen Aufbruch wecken. Der Aufstieg führt in zwei Stunden weiter zum Gipfel. Das 360-Grad-Panorama auf die tief unten liegenden Teeplantagen, die blau blinkenden Seen und bei guter Sicht auf die Gipfel von Kodaikanal ist einfach überwältigend! Nach einer längeren Rast geht der Abstieg über einen der zahlreichen Bergpfade bis zur zweiten Unterkunft, dem **Rhodo Valley Camp** auf 2325 m. Der Name ist Programm, es liegt mitten in einem Hain wilder Rhododendren. Einer der verschiedenen Trails führt auch am **Anaerangal-See** vorbei. Mit Glück sieht man dort durstige Elefanten, die den See als Tränke nutzen. Nicht weit davon entfernt liegt der **Papathy Shola** – der Schmetterlingswald. Besonders im Oktober/November schwirren Tausende bunter Falter in allen erdenklichen Farben und Mustern durch den lichten Mischwald – ein geradezu surreales Erlebnis!

Zwei Tage kosten inklusive Guide, Verpflegung, Unterkunft und Abholung von der jeweiligen Unterkunft in Munnar 65 Euro pro Person, vorausgesetzt, insgesamt vier Personen buchen *(Marvel Tours Pvt. Ltd. | Kochi | Tel. 0484 2335444 | www.marveltours.in)*. Ähnliche Angebote hat auch Trekkingexperte *Muddy Boots* im Programm *(Tel. 095 44201249 | www.muddyboots.in)*. Individuelles Trekking: *Kerala Forest Development Corporation, KFDC Office | Aaranyakom, Karapuzha, Kootayam | Tel. 0481 2582640* oder *District Tourist Promotion Council Office | Munnar | Tel. 04865 231516*

3 MIT SCHMUGGLERN UND WILDERERN IM TIGERRESERVAT

INSIDER TIPP Mit ehemaligen Schmugglern und Wilderern unterwegs auf Naturbeobachtung – authentischer geht's nicht! Mit dem Öko-Entwicklungs-Programm zur sozialen Eingliederung der Bergstämme – vor gut neun Jahren ins Leben gerufen – wurden die harten Kerle zu *nature guides* umgeschult und begleiten jetzt Wandergruppen auf Bamboo-Rafting- und Trekking-Touren durch das urwüchsige Periyar-Tigerreservat in den Bergen der Western Ghats in Kerala.

36 Elefanten habe er getötet – leider, gesteht Thankkappan. Das war in seinem anderen Leben als Wilderer. Heute hält er zwar auch wieder ein Gewehr in der Hand, aber es dient nur noch dem

Niligiri tahr – sehr scheu und sehr bedroht

Steuern die Guides das Bambusfloß über den Periyar-Stausee, dürfen die Trekker verschnaufen

Schutz der Trekking-Gruppe – vor Tigern, Leoparden, wilden Elefanten, Bären. Ravi Thavan, ein weiterer Guide, gehört den 600 Familien starken **Mannan** an – einem von drei Bergstämmen rund um **Thekkady**, die bis heute ihre Identität bewahrt haben. Auf die Schule gegangen ist Ravi nicht, sein passables Englisch hat er von Touristen gelernt. Früher war er Fischer, hat wilden Honig und Feuerholz gesammelt. Außerdem schmuggelte er Sandelholz, Teak und das kostbare Rosenholz über den Grenzkamm vom Nachbarstaat Tamil Nadu. Heute geht er im Nebenjob nachts Patrouille in den Bergwäldern, um seinen ehemaligen Schmugglerkollegen aufzulauern.

Nicht nur die fünf Begleiter der zehnköpfigen Gruppe (maximale Teilnehmerzahl), dazu der bewaffnete Sicherheitsbeamte, sind so ganz anders als man es von Trekkingtouren gewohnt ist. Auch die gesamte Dschungeltour durch einen dicht bewachsenen Teil des **Periyar-Nationalparks** ist ganz besonders.

Am Abend vor dem Aufbruch stimmt ein „Naturalist" im Hotel *Spice Village* in Thekaddy die Gruppe ein auf Flora und Fauna – Motto: Hier gibt es keine Luxus-, sondern Naturerlebnisse. Etwa 2 km entfernt, am Ufer des 26 km² großen **Periyar-Stausees**, beginnt morgens um 8 Uhr die Tour. Die Teilnehmer bekommen kniehohe Stulpen, die vor Nässe und Getier schützen.

Mit einem Seil werden die **Bambusflöße** nacheinander über die schmale Passage gezogen, wo am anderen Ufer die Trekkingtour beginnt. Immer wieder bleiben die Guides stehen, erklären den medizinischen Nutzwert bestimmter Pflanzen, deuten Vogelstimmen. Kein leichter Job, denn immerhin 322 verschiedene Arten sollen hier leben. 925 km² groß ist das Periyar-Tierschutzgebiet und **Tigerreservat**, von dem ein 350 km² großer Teil der Kernzone zum Nationalpark erklärt wurde, der für Besucher nicht zugänglich ist. Innerhalb einer Pufferzone von 55 km² aber rund um den See dürfen sich auch

Touristen bewegen. Über 74 Prozent besteht hier aus immergrünen tropischen Pflanzen, Wald und Grasfläche; allein 145 verschiedene Orchideenarten gedeihen in einem der abwechslungsreichsten Nationalparks in Indien.

Im Gänsemarsch trabt die Gruppe durch mannshohes Elefantengras und die immergrünen Regenwälder aus Bambussträuchern und tropischen Bäumen. Das Malabar-Rieseneichhörnchen klettert an den Stämmen hoch, ein Niligiri-Languraffe bedient sich ausgiebig an den roten Baumwollblüten. *Gaur*, eine Art Riesenrind, wilde Hunde und sogar Skorpione können den Weg kreuzen. Dank der festen Stulpen aber droht von dem Giftstachel keine Gefahr. Elefantendung auf dem Weg führt die Guides auf die Spur der Grautiere. Mit etwas Glück begegnet Ihnen ein prächtiger Bulle mit geschwungenen Stoßzähnen mit seinem Harem. Für alle Fälle ziehen Guides wie Thankkappan vorsichtshalber ihr Gewehr und gehen in Stellung. Doch im Allgemeinen zeigen die Elefanten keinerlei Interesse an dem aufgeregten Menschenrudel und ziehen gemächlich weiter. Natürlich hofft jede Truppe, auch einen Tiger zu Gesicht zu bekommen. Allerdings leben nur noch zwischen 28 und 32 Exemplare im Reservat. Frische Fußabdrücke und Kratzer von Tigerkrallen an Bäumen zeugen von ihrer Existenz. Die Tiger wetzen ihre Krallen am Stamm, weil das Harz sie noch schärfer macht, wissen die Guides.

Die Teatime wird in einem **Zeltcamp** abgehalten. Der kleine Hügel ist rundum von einem Grabenring umgeben. Er hält während der zweitägigen Fotosafari nachts ungebetene Gäste fern.

Die nächste Etappe wird wieder mit den Flößen in Angriff genommen. Maximal vier Teilnehmer haben darauf Platz und zwei Guides, die mit langen Stangen das Bambusfloß lenken und vorantreiben. Weiße Ibisse hocken auf den abgebrochenen Baumstämmen, die überall im See aufragen. Graureiher und Kormorane schweben über der Bambusarmada. 322 Vogelarten haben ihr Habitat in Periyar, davon sind ein Drittel Winterzugvögel, die hier die Monate von September bis Ende März verbringen. Am Ufer zeichnen sich die Western Ghats ab, das Grenzgebirge zwischen Kerala und Tamil Nadu, mit dem 2019 m hohen Mount Kottamala als höchstem Gipfel in der Region.

Vor Aufbruch zur Tour widmen die Guides der Göttin des Walds, Vandevi, eine kleine Zeremonie. Macht sie das gewogen, bleibt es windstill und die Männer an ihren Stangen müssen sich nicht allzu sehr ins Zeug legen. Gern überlassen sie aber auch den Trekkingteilnehmern mal die Ruderstangen. Floßfahren – Trekking – Floßfahren – Trekking – so gestaltet sich die abwechslungsreiche Tour. Danach zaubert das Team aus dem Proviant eine leckere Mahlzeit, die unter schattigen Bäumen eingenommen wird. Dazu erzählen die Guides aus ihrem Leben als Schmuggler und Wilderer, das zwar einträglicher gewesen sei. Aber auch zehnmal gefährlicher. Die Prise Aufregung, die ihnen jetzt in ihrem neuen Beruf fehlen mag, holen sie sich nachts auf Schmugglerjagd.

Auskunft in Thekkady: *Periyar Tiger Reserve Organisation | Lake Rd. | Tel. 04869 22 20 27* oder *Forest Information and Reservation Centre | Ambady Junction, Lake Rd. | Tel. 04869 32 20 28 | beide tgl. 6–19 Uhr* oder *im Hotel Spice Village | Kumily Rd. | Tel. 04869 22 45 14 | www.cghearth.com. Öffnungszeiten Periyar-Nationalpark 7–17 Uhr | Eintritt 300 Rps. | ganztägiges Trekking mit Bambusrafting 1500 Rps., mit 1 Übernachtung im Zeltcamp 4000 Rps., 2 Nächte 6000 Rps.*

SPORT & AKTIVITÄTEN

Die meisten Reisenden kommen zum Baden oder für eine Besichtigungstour nach Südindien, viele kombinieren auch beides. Insider aber wissen um die vielfältigen Möglichkeiten, die Berge und Meer für Aktivurlauber bereithalten.

Und wer daheim mit südindischen Spezialitäten glänzen möchte, der besucht vor Ort einen Kochkursus.

BOLLYWOOD DANCING

Bollywoodfilme mit ihren fantastischen Tanzeinlagen sind inzwischen nicht nur in Südindien angesagt. Film-Choreograph Arun Kumar bringt Laien in Bengaluru die INSIDER TIPP Ausdrucksformen des Bollywood Dancings bei. *Studio 1: Alliance Française | 108 Thimmaiah Rd., Vasanthnagar; Studio 2: Bangalore School of Music | 8 HMT/HBCS/CBI Rd., RT Nagar | Tel. 095 35 00 74 69 | Einzelstd. 350 Rps. | www.zealers.com*

GOLF

Viele Clubhäuser besitzen noch reichlich kolonialen Charme; z. B. der *Bangalore Golf Club* von 1876 *(18 Loch | 2 Sankey Road, High Grounds | Tel. 080 43 48 49 49)* oder der *Madras Gymkhana Club* in Chennai *(18 Loch | Anna Salai | Tel. 044 25 36 81 60 | www.madrasgymkhana.com)*. Der *Ootacamund Gymkhana Club* von 1896 mit seinem stark abschüssigen Gelände liegt auf 2500 m Höhe *(18 Loch | Ekaly Rd. | Tel. 0423 2 44 22 54 | www.ootygolfclub.org)*.

Bild: morgendliche Yogastunde in Kovalam

Kricket, Kochen oder Yoga: Betätigungsfelder für Outdoorfans, Hobbyköche und Anhänger geistiger wie körperlicher Übungen

KOCHEN

Indisch kochen lernen im Land selbst mit frischen Zutaten und den heimischen Gewürzen ist eine ganz besondere Erfahrung. Vor allem Hotels und Restaurants bieten solche Kurse an. Frischen Fisch und Meeresfrüchte zuzubereiten, aber auch die vielseitige vegetarische Küche Keralas erfahren Sie in den Kochkursen von *Bhakti Kutir (296, Colomb, Palolem, Goa | Tel. 0832 2643469 | www.bhaktikutir.com)*. In Calangute kocht Ambica Coelho im *O-Pescador-Restaurant* vor *(Baga Rd., Cobra Vaddo | Tel. 0832 2279447)*. In Kanadukathan macht Paniyamma mit der viel gepriesenen INSIDER TIPP *Küche von Chettinad* vertraut *(Hotel Visalam | Tel. 04565 273301 | www.cghearth.com)*. Authentische Kerala-Küche wird im *Coconut Palms Heritage Resort* in Alleppey zubereitet *(Tel. 0471 2330417)*.

Wer wenig Zeit hat: Köchin Branca gibt zweistündige Kochkurse in goanischer Küche für umgerechnet etwa 23

Euro *(José Falcao Rd., Panaji | Tel. 098 22 13 18 35)*. In Kochi lernen Sie bei Nimmy Paul, die wunderbare Kerala-Küche in zweistündigen Kochkursen zuzubereiten *(Chakkalakkal Rd., Varaimparambil | ca. 24 Euro | Tel. 0484 2 31 42 93 | www.nimmypaul.com)*.

KRICKET

Die Leidenschaft für Kricket sucht in Indien ihresgleichen. Praktisch die gesamte Nation definiert sich über diesen Sport, den die Briten um 1900 auf den Subkontinent brachten. Hautnah erleben Sie die besondere Atmosphäre als Zuschauer in einem der großen Stadien. *Das M. A. Chidambaram Stadium Chennai (Wallajah Rd. | Tel. 044 28 51 48 96 | 50 000 Plätze)* nimmt in der Kricketgeschichte des Landes einen besonderen Platz ein: 1962 wurde hier der erste Sieg Indiens gegen England gefeiert. Das *M. Chinnaswamy Stadium Bangalore (Cubbon Rd./Queens Rd. | Tel. 080 40 15 40 15)* fasst bis zu 55 000 Zuschauer. Das *Goa Cricket Team* ist im *Dr. Rajendra Prasad Stadium Margao (Quepem Rd. | Tel. 0832 2 73 14 95)* zu Hause. Tickets kosten je nach Kategorie umgerechnet zwischen 3 und 160 Euro.

MOTORRADTOUREN

Ganz ungefährlich ist Motorradfahren in Indien sicher nicht. Der Verkehr ist oft mörderisch, außerdem wird links gefahren. Motorräder und Scooter gibt es aber überall zu mieten. Spezialveranstalter in Deutschland für Motorradtouren in Indien sind: *Wheel of India* in Schneverdingen, der geführte Gruppenreisen für Biker auf Royal Enfield Bullets durch Indien – auch durch mehrere Staaten in Südindien – veranstaltet *(Tel. 05193 51 91 91 | www.wheelofindia.de)*. Ebenfalls auf Enfield Bullets bietet das Unternehmen *Prima Klima* in Berlin Motorradreisen an *(Tel. 030 7 87 92 70 | www.primaklima.de)*.

TAUCHEN & SCHNORCHELN

Die besten Tauchgründe Südindiens liegen im Norden von Karnataka, bei *Pigeon Island* vor Bhatkal. An Riffen und zwischen vielen Schiffswracks eröffnet sich eine eindrucksvolle Unterwasserwelt. In Goa steuern die meisten Tauchboote *San Jorge Island* oder *Grande Island* an. Auf dem Meeresgrund liegen spanische und portugiesische Galeonen sowie ein Schiff aus dem Zweiten Weltkrieg. Tauchzentren: *Goa Diving | No. 145-P Chapel Bhat, Chicalim | Tel. 0832 55 51 17; Barracuda Diving | c/o Cidade de Goa Beach Resort, Dona Paula; PADI-Tauchschule Dreamz Diving | Tel. 097 40 75 24 80 | www.dreamzdiving.com.* Eine Tauchtour zu den legendären sieben versunkenen Tempeln vor Mamallapuram bietet das *PADI Diving Centre* am Strand zwischen *Lutz Hotel* und *Hotel Daphne (Tel. 044 27 44 31 15 | www.templeadventures.com)*. Weitere Infos unter *www.padi.com*

TREKKING

Die Western Ghats mit den Niligiri Mountains sind ein abwechslungsreiches Trekkinggebiet. Die maximal 2600 m hohen Berge sind für jeden Bergwanderer leicht begehbar. Für Trails, die schwer zu finden sind und durch Dschungel führen, sollten Trekker einen Guide vom jeweiligen Forest Department nehmen. Wollen Sie geschützte Bereiche durchqueren, brauchen Sie eine Genehmigung. Niligiri Mountains: *Wildlife Warden | Mahalingam Buildings, Coonoor Rd., Udhagamandalam | Tel. 0423 2 44 40 98;* Munnar: *Forest Information Centre | Tel. 04865 23 15 87;* Kumily: *Department of Tourism | Thekkady Jn. | Tel. 04869 322620.* Organisierte Wanderungen übernimmt das *District Tourism Promotion Council (DTPC) | Old Munnar | Tel. 0045 231516.* Weitere Infos unter *Muddy Boots,* Experten für Trekking- und Mountainbiketouren sowie Anlaufstelle für allgemeine Trekking-Fragen in Südindien *(in England – Pradeep Murthy – Tel. 0044 7826728707, in Indien 095 44201249 | www.muddyboots.in).* Die besten Wanderzeiten sind April bis Juni und September bis Dezember.

Auf Taucher warten außer bunter Meeresflora und -fauna auch versunkene Schiffe

YOGA

Viele Hotels und Resorts bieten Yogaklassen an. Meist ist der morgendliche Gruppenunterricht gratis. Eine große Auswahl an Yogaschulen und -kursen gibt es in INSIDER TIPP *Auroville*. Die preiswerten Unterkünfte dort ermöglichen auch mehrwöchige Teilnahmen *(Tel. 0413 2622704 | www.auroville.org).*

Zwei seriöse Zentren liegen in Bengaluru: *Institute of Naturopathy & Yogic Sciences (INYS) | Tumkur Rd., Jindal Nagar | Tel. 080 23717777 | www.jindalnaturecure.org* und *Svyasa Yoga University | 19 Eknath Bhavan, Gavipuram Circle, K. G. Nagar | Tel. 080 26608645 | www.svyasa.org.* Im *Ashtanga Yoga Research Institute* in Mysore wird die schnelle Synchronisation des Atmens gelehrt *(2358th Cross, Gokulam | Tel. 098 80185500 | www.kpjayi.org).* Im *Krishnamacharya Yoga Mandiram* in Chennai wird Viniyoga unterrichtet – eine sanfte Yoga-Variante *(31 Fourth Cross Street, R K Nagar | Tel. 044 24937998 | www.kym.org).* Ebenfalls in Chennai können Sie morgens zwischen 6 und 8 Uhr in 26 Parks bzw. öffentlichen Plätzchen – z. B. Panagal Park und Marina Beach – an ● kostenlosen Yogastunden teilnehmen. Die Gesundheit seiner Mitbürger im Auge, ließ Chennais früherer Bürgermeister Bühnen dafür bauen und Yogatrainer engagieren.

MIT KINDERN UNTERWEGS

Was wie ein Werbeslogan der Tourismusbranche klingt, ist tatsächlich so: Inder lieben Kinder. Und das ist nicht nur gut für die Kleinen, sondern auch wunderbar für die Erwachsenen, denn Kinder bauen Brücken. Südindien ist ein ungeheuer spannendes Terrain für den Nachwuchs. Die exotischen Tiere, der riesige Naturspielplatz namens Strand und all die freundlichen Menschen, die sich niemals beschweren, wenn es mal so richtig laut und fröhlich zugeht. Es gibt aber durchaus ein paar Dinge, die Sie beachten sollten, wenn Sie mit Ihren Kleinen in Indiens Süden reisen. Da ist natürlich zum einen die starke Tropensonne, die unbedingt stets einen Sonnenhut und Sonnencreme mit extrem hohem Lichtschutzfaktor erfordert. Und dann die ungewohnt scharfen Speisen. Verlangen Sie für Ihre Kinder immer Gerichte, die „not hot", also nicht stark gewürzt sind. Schließlich gibt es dann noch die vielen Hunde, mit denen man so gern spielen möchte. Aber Vorsicht – sie schnappen gern mal zu.

GOA

BIG-FOOT-MINIDORF (144 A5) *(B6)*
Im sogenannten *Big-Foot-Minidorf* in Loutolim (9 km von Margao, 45 km von Calangute), werden Kinder mit bunten, naiven Figuren spielend an die Wurzeln goanischer Kultur herangeführt. *Tgl. 9–18 Uhr | Eintritt 50 Rps. | www.ancestralgoa.com*

DONA SYLVIA BEACH RESORT (144 A5) *(B6)*
Ausgesprochenen Clubcharakter hat dieses hübsche Ferienresort in Cavelossim. Für Kinder wird täglich ein eigenes Programm geboten, es gibt einen Kids Club, Spielplatz, Kinderpool, viele Spiele und Wettbewerbe. Und auch Betreuer, die die Kinder beaufsichtigen, wenn die Eltern mal etwas anderes unternehmen wollen. *Tel. 0832 2 87 18 88 | www.donasylvia.com* | €€€

KERALA

WONDERLA KOCHI (150 A4) *(D11)*
Ein großer Vergnügungspark mit Wasserrutschen, Achterbahnen, Musikfontäne und vielen weiteren Attraktionen. Eine Wonderla-Filiale wird auch in Bangalore betrieben. *Mo–Fr 10.30–18, Sa/So 10.30–19 Uhr | Eintritt Erw. ab 520 Rps., Kinder ab 420 Rps. | Pallikara bei Kakkanad, 14 km nordöstl. von Kochi | www.wonderla.com*

Inder lieben Kinder: Vom Elefantenritt bis zur Krokodilfarm gibt es für den Nachwuchs eine Menge spannender Dinge zu tun

KARNATAKA

PILIKULA BIOLOGICAL PARK

(147 E4) (*C9*)

Auf Elefanten können Ihre Kinder im Pilikula Biological Park bei Mangalore reiten. Außerdem gibt es dort viele andere Tiere anzuschauen, dazu eine Kirmes mit Riesenrutsche, einen Wasservergnügungspark und auch einen See mit Booten. *Mi–Mo 11–13 u. 16–18 Uhr | Eintritt ab 15 Jahre 50 Rps., darunter 20 Rps. | Moodushedde, Vamanjoor | www.pilikula.com*

TAMIL NADU

CROCODILE PARK (149 F4) (*H9*)

Südlich von Chennai werden verschiedene Arten indischer Krokodile sowie Alligatoren in offenen Pools gehalten. *Di–So 8.30–17.30 Uhr | Eintritt 35 Rps., Kinder bis 10 Jahre 10 Rps. | 42 km von Chennai, an der Küstenstraße Richtung Mamallapuram | www.madrascrocodilebank.org*

WILDPARKS

In Südindien gibt es viele Wildparks, v. a. im Bundesstaat Karnataka. Der *Bandipur National Park* (150 B1–2) (*D–E10*) im Grenzgebiet von Kerala, Karnataka und Tamil Nadu etwa ist ein ausgewiesenes Tigerreservat. Das *Dubare Elephant Camp* (147 F5) (*D9*) bei Coorg in Karnataka beherbergt 150 Elefanten. Den meisten wilden asiatischen Elefanten weltweit begegnen Sie jedoch im *Nagarhole National Park* (148 A5) (*D9*). Die Dickhäuter sind wie Tiger und Leoparden ebenfalls im *Bhadra Tigerreservat* (147 F3) (*C–D8*) beheimatet. 321 km² groß ist das *Mudumalai Wildlife Sanctuary* (150 A–B2) (*D–E10*) mit einer großen Vielfalt an Tieren: Elefanten, Panther, Bären, Affen und viele mehr. Ausführliche Informationen zu Tieren und Touren gibt es unter *www.indianwildlifeportal.com, www.wild-india.com, www.indiawildliferesorts.com* und *www.indian-wildlife.com*.

EVENTS, FESTE & MEHR

GESETZLICHE FEIERTAGE

1. Jan. Neujahr; **26. Jan.** Tag der Republik; **1. Mai** ***Labour Day*** (Tag der Arbeit); **15. Aug.** Unabhängigkeitstag; **2. Okt.** Gandhis Geburtstag; **25. Dez.** Weihnachten

RELIGIÖSE FEIERTAGE

Die meisten religiösen Feiertage werden nach dem Mondkalender berechnet und sind daher beweglich.

6. JANUAR

Das Fest der ▶ ***Heiligen Drei Könige*** wird in Goa gefeiert – hauptsächlich in Cansaulim, Chandor und Reis Magos.

ENDE FEBRUAR/ANFANG MÄRZ

▶ ★ ***Shivaratri*** oder ***Mahashivaratri***: Die Nacht Shivas ist für Hindus die heiligste Nacht und wird im Tempel verbracht.

MÄRZ

Farbenprächtig wird das indische ▶ ***Holi-Fest*** in Goa begangen, wo es ***Shigmo-Festival*** heißt. Tempelfeste, Paraden, Prozessionen

AUGUST

▶ ***Janmashtami:*** Krishnas Geburtstag, Mitternachtsfeste in den Hindu-Tempeln

SEPTEMBER/OKTOBER

▶ ★ ***Dussehra:*** Das bekannteste Fest Indiens wird an verschiedenen Orten unterschiedlich begangen. Gefeiert wird der Sieg der Götter Rama und Durga über die Dämonen. Im Süden nennt es sich ***Navaratri.*** In Tamil Nadu und Kerala dauern die Festivitäten neun Nächte, in Mysore zehn Tage. Dann finden im beleuchteten Palast Musikfestivals statt. Am zehnten Tag führt eine eindrucksvolle Prozession mit Elefanten zum Palast des Maharajas.

NOVEMBER/DEZEMBER

▶ INSIDER TIPP ***Divali*** – das Lichterfest: Überall werden zu Ehren der Glücksgöttin Lakshmi Feuerwerke entzündet und kleine Öllämpchen aufgestellt. Denn sie kehrt nur bei jenen Menschen ein, die ihr den Weg mit Lichtern weisen.

FESTIVALS

JANUAR

Beim ▶ ***Float Festival*** in Madurai tragen festlich beleuchtete Barken geschmückte Tempelgottheiten auf den Mariamman-Teppakolam-See.

▶ ***Pongal*** heißt das Erntedankfest, das während der religiösen Feierlichkeiten ***Makar Sankranti*** begangen wird. Kühe

Elefantenparaden, Schlangenbootrennen, Lichterfeste – wenn Südindien feiert, dann stets in voller Pracht und Herrlichkeit

werden mit Ballons und Blumengirlanden geschmückt, ihre Hörner bunt bemalt, bevor sie mit Musik durch die Straßen getrieben werden.

FEBRUAR

Abwechselnd in Panaji und Margao findet das 3- bis 5-tägige ▶ ***Food & Cultural Festival*** mit Kochwettbewerben, Ständen mit typisch goanischem Essen und viel Folklore statt.

FEBRUAR/MÄRZ

Das uralte ▶ ***Natyanjali Dance Festival*** wurde vor 25 Jahren im Nataraja-Tempel in Chidambaram wiederbelebt. Berühmte Tänzer aus ganz Indien kommen zu dem 5-tägigen Fest, das inzwischen auch in vielen anderen Tempeln in Tamil Nadu begangen wird.

Überall in Goa wird der Karneval ▶ ***Mardi Gras*** gefeiert. Am ersten Tag, ***Fat Saturday***, führt „King Momo" eine Parade wetteifernder Teams in farbenprächtigen Kostümen durch die Straßen.

APRIL/MAI

Während des 8-tägigen ▶ ***Pooram-Fests*** (Sommer-Erntedankfest) in Thrissur in Kerala wetteifern verschiedene Tempel um die schönste Parade prächtig geschmückter Elefanten. Außerdem gibt es Kathakali-Vorführungen und Feuerwerke.

AUGUST/SEPTEMBER

Im Rahmen von ▶ ***Onam,*** dem Erntedankfest, werden in Kerala Schlangenbootrennen ausgetragen. Jedes Boot ist mit 25 Sängern und bis zu 125 Ruderern bemannt. Bekannteste Regatta ist die ***Nehru Trophy*** auf dem Punnamada-See in Alappuzha. Auch zur Touristensaison im Dezember/Januar

MITTE DEZEMBER–MITTE JANUAR

Zum ▶ ● ***Chennai Music and Dance Festival*** spielen an Plätzen, Tempelanlagen und Heritage Bungalows Künstler aus allen Ecken Indiens klassische Musik und führen traditionelle Tänze auf – mit über 2000 Teilnehmern in über 300 Konzerten.

ICH WAR SCHON DA!

Drei User aus der MARCO POLO Community verraten ihre Lieblingsplätze und ihre schönsten Erlebnisse

ISHA YOGA CENTER

Das *Isha Yoga Center (Velliangiri Foothills | ishafoundation.org)* ist ein kleines Paradies. Den Höhepunkt bildet der *Dhanyalinga Yogic Tempel*. Noch bevor man eintritt, empfiehlt sich ein Bad im Theerakund, der sich im Garten hinter dem Tempel befindet. Hier ist eine 30 m tief gebaute Steinhöhle, zu der Stufen herabführen. Am Ende befindet sich ein Pool, in dem die Gläubigen baden, um ihren Körper reinzuwaschen und sich für die Meditation bereit zu machen. Wir wollten ein bisschen länger verweilen und haben einen der hervorragenden Yogakurse mitgemacht. **Tatjana aus Bochum**

TEMPEL IN THIRUVANALAMA

Mitten in Tamil Nadu nahe Pondicherry liegt am Fuße des Arunachala die heilige Stadt Thiruvanamalai. Wahrzeichen ist der *Arunachaleswara-Tempel*, eine gigantische Anlage aus dem 11. Jh. Wir haben hier einem beeindruckenden Feuerritual beiwohnen dürfen. Zum Vollmond treffen sich hier Zehntausende, um den Berg gemeinsam zu umwandern. Ein tolles Erlebnis! **sayuri aus München**

STRAND PALOLEM

Im südlichen Goa liegt dieser Bilderbuch-Strand – Palmen, Holzhütten direkt am Strand, Aussteiger, Hippiebasar und Ruhe. Besonders beeindruckend ist die vorgelagerte Insel Canacona und die am Strand herumliegenden hohen Felsen. Wir haben hier einen unvergesslichen Tag verbracht. **chandrema aus Dortmund**

Haben auch Sie etwas Besonderes erlebt oder einen Lieblingsplatz gefunden, den nicht jeder kennt? Gehen Sie einfach auf www.marcopolo.de/mein-tipp

EIGENE NOTIZEN

LINKS, BLOGS, APPS & MORE

LINKS

▶ www.marcopolo.de/indien-sued Interaktive Karten inklusive Planungsfunktion, Impressionen aus der Community, aktuelle News und Angebote ...

▶ www.mapsofindia.com Einer der wichtigsten Links für Südindienreisende. Hier finden Sie detaillierte Landkarten, Zug- und Flugverbindungen vor allem auch für den innerindischen Transport

▶ www.indienaktuell.de Liefert umfassende Einblicke in alles, was mit Indien zu tun hat von Religion über Detailinfos zu einzelnen Regionen bis hin zum Indien-Knigge. Außerdem Hinweise auf interessante TV-Sendungen, Workshops, Reiseangebote sowie ein Forum. Und eine Linkliste zum Weiterstöbern

▶ www.discoverbangalore.com Alles rund um das Silicon Valley Indiens – Bangalore. Diese Site bietet ständig aktualisierte Tipps zu allen möglichen Themen der Stadt: Veranstaltungen, Restaurant-Tipps, Sehenswürdigkeiten und und und

▶ short.travel/inds1 und www.traffic.org Wildtiere schützen, heißt auch nachdenken, bevor Sie ein Souvenir in Südindien kaufen. Besonders, wenn es sich um Produkte aus Reptilienhaut, Elfenbein, Korallen oder aus bestimmten, geschützten Pflanzen handelt. WWF und Traffic India klären Sie auf ihren Websites auf

BLOGS & FOREN

▶ forum.jadoobolly.de Hier tauschen sich deutschsprachige Bollywood-Fans über Ihre Stars, die neuen Filme, Klatsch usw. aus. Auf der dazugehörigen Website erfahren Sie alles, was Sie über Bollywood-Filme wissen müssen, bevor Sie Südindiens Kinos unsicher machen

▶ www.goablog.org Goas beste Strände, die angesagtesten Partys, die effektivsten Yogakurse, seine Geschichte, Kultur und Politik – Blogger aus aller Welt posten zu allen Themen über den kleinsten indischen Bundesstaat

▶ muruarts.blogspot.com Auf eine Reise durch die Welt – darunter auch seine Heimat Indien – führt der Ma-

Egal, ob Sie sich auf Ihre Reise vorbereiten oder vor Ort sind: Mit diesen Adressen finden Sie noch mehr Informationen, Videos und Netzwerke, die Ihren Urlaub bereichern. Da manche Adressen extrem lang sind, führt Sie der kürzere short.travel-Code direkt auf die beschriebenen Websites

ler Dr. A. Murugesan aus Chennai die Betrachter mit seinen Aquarellen auf diesem Blog – seine südindischen Wurzeln vergaß er dabei nie

VIDEOS & STREAMS

▶ short.travel/inds2 „Last Hippie Standing" – auf der Suche nach den letzten Hippies von Goa – mehrteiliges Video-Porträt über alte und neue europäische Aussteiger

▶ short.travel/inds3 Stimmungsvolle Bilder einer Reise zu den schönsten Tempeln Südindiens

▶ short.travel/inds4 In knapp neun Minuten durch ganz Südindien – laut, komprimiert, bunt – ein Kaleidoskop Tausender Eindrücke, gesammelt während der zweimonatigen Reise des Kameramanns durch den Süden des Subkontinents

APPS

▶ Indian Rail Info Die kostenlose App gibt Ihnen Auskunft über Ankunft und Abfahrt von Zügen, zeigt freie Plätze, Fahrkartenpreise und vieles mehr

▶ Localbeat Mit dieser App finden Sie sich in allen Großstädten Indiens zurecht. Außer Branchenbuch und Restaurants gibt's damit auch Infos über Bollywood- wie Hollywoodfilme, zu Theater und Veranstaltungen, zum regionalen Wetter sowie News der großen Tageszeitungen

NETWORK

▶ short.travel/inds5 Das „Couchsurfing"-Netzwerk verbindet Reisende mit Menschen in den Ländern und Städten, die sie besuchen, in diesem Fall mit Menschen in Chennai

▶ short.travel/inds6 Die Thorntree-Community tauscht Erfahrungen und nützliche Tipps rund um die südindischen Regionen, Städte und Stätten: Welche Transportmittel sind die verlässlichsten für die Anreise, welche Unterkünfte besonders billig oder welches vegetarische Restaurant auf keinen Fall zu empfehlen ist. Einfach z B. „Kerala" eingeben

▶ www.tripadvisor.de Online-Forum, in dem man alle Reisefragen zu Kerala, Goa, Tamil Nadu oder Karnataka loswerden kann. Natürlich auch zu einzelnen Orten und Städten Südindiens

PRAKTISCHE HINWEISE

ANREISE

Südindien-Besucher aus Deutschland, Österreich und der Schweiz kommen mit dem Flugzeug. Als einzige Airline fliegt Condor von Frankfurt direkt nach Goa. Über Doha wird es auch von Qatar Airways angesteuert. Ebenfalls von Frankfurt fliegen in 8,5–11 Std. nach Bangalore, Chennai, Kochi, Thiruvananthapuram: Air India, Emirates, Lufthansa, Gulf Air, Oman Air, Qatar Airways, SriLankan Airlines, Ethihad, Kuwait Airways.

AUSGEHEN

In vielen Diskotheken sind nur Paare zugelassen. Als Single sollten Sie sich also besser vorher erkundigen. Tanzbars in Luxushotels sind oft nur für Hotelgäste zugänglich. Jeder Bundesstaat hat für Diskos, Nachtclubs und Alkoholausschank andere Sperrstunden bzw. -tage, die häufig geändert werden. Die coolsten und stylishsten Diskos und Nightclubs gibt es in der *Pub City* Bangalore. Dafür finden in Goa romantische *silent parties* mit Kopfhörern am Strand statt.

GRÜN & FAIR REISEN

Auf Reisen können auch Sie mit einfachen Mitteln viel bewirken. Behalten Sie nicht nur die CO_2-Bilanz für Hin- und Rückflug im Hinterkopf *(www.atmosfair.de)*, sondern achten und schützen Sie auch nachhaltig Natur und Kultur im Reiseland *(www.gate-tourismus.de; www.zukunft-reisen.de; www.ecotrans.de)*. Gerade als Tourist ist es wichtig, auf Aspekte zu achten wie Naturschutz *(www.nabu.de; www.wwf.de)*, regionale Produkte, Fahrradfahren (statt Autofahren), Wassersparen und vieles mehr. Wenn Sie mehr über ökologischen Tourismus erfahren wollen: europaweit *www.oete.de*; weltweit *www.germanwatch.org*

AUSKUNFT

INDISCHES FREMDENVERKEHRSAMT
Baseler Str. 48 | 60329 Frankfurt | Tel. 069 2 42 94 90 | www-india-tourism.com

BANKEN & GELDWECHSEL

Öffnungszeiten: Mo–Fr 10–14, Sa 10–12 Uhr. An bestimmten Geldautomaten – häufig selbst in kleinen Orten – können Sie auch mit Kreditkarten (keine EC-Card!) Rupien ziehen. Für den Geldtausch empfehlen sich die günstigeren Wechselstuben. In der Regel geben sogar die Bankschalter am Flughafen einen günstigeren Wechselkurs als Hotels, die immer eine Provision berechnen. Tipp: Wechseln Sie bei der Ankunft am Flughafen erst mal eine kleine Summe, und suchen Sie später in Ruhe nach einer Wechselstube vor Ort. Viele große Geschäfte und fast alle Hotels akzeptieren die gängigen Kreditkarten.

DIPLOMATISCHE VERTRETUNGEN

INDISCHE BOTSCHAFT
Tiergartenstr. 17 | 10785 Berlin | Tel. 030 25 79 50 | www.indischebotschaft.de

Von Anreise bis Zoll

Urlaub von Anfang bis Ende: die wichtigsten Adressen und Informationen für Ihre Südindienreise

DEUTSCHES GENERALKONSULAT
Bengaluru | Bengaluru Delta Prestige Cash Pharmacy Building, 2. und 3. Etage, St. Mark's Rd. & Residency Rd. Junction | Tel. 080 33 47 00 00 (14–16 Uhr), Bereitschaftsdienst Tel. 0963 2 54 29 72 | www.bangalore.diplo.de

DEUTSCHES GENERALKONSULAT
Chennai | Boat Club Rd. 9 | Tel. 044 24 30 16 00 | www.chennai.diplo.de

EHRENKONSULAT ÖSTERREICH
Chennai | c/o Kothari Buildings, 115 Mahatma Gandhi Salai | Tel. 044 28 33 45 01

EHRENKONSULAT ÖSTERREICH
Goa | Vasco da Gama | Salgaocar House, 3. Etage, Dr. F. Louis Gomes Rd. | Tel. 0832 2 51 38 16

SCHWEIZER GENERALKONSULAT
Bengaluru | Park View, No. 17, Curve Rd. | Tasker Town | Tel. 080 41 13 09 05. Zuständig für Andhra Pradesh, Karnataka, Kerala, Tamil Nadu, Puducherry, die Andamanen und Nicobar

SCHWEIZER GENERALKONSULAT
Chennai | I-6 Dr. V.S.I. Estate, Rajiv Gandhi Salai, Thiruyanmiyur | Tel. 044 42 07 48 38

EINREISE

Touristenvisa werden mit einer Gültigkeitsdauer von sechs Monaten ausgestellt, mehrmalige Einreise ist möglich *(multiple entry visa)*, allerdings nicht vor Ablauf von zwei Monaten. Dafür wäre ein *double entry visa* erforderlich. Visa stellt die Indische Botschaft in Berlin aus. Oder die Visastellen in Frankfurt *(Friedrich-Ebert-Anlage 3 | Tel. 069 7 42 22 00)* und Hamburg *(Mundsburger Damm 6 | Tel. 040 2 88 05 60)*. In München stellt das *Indische Generalkonsulat (Widenmayerstr. 15 | Tel. 089 2 10 23 90 | www.cgimunich.de)* Visa aus. In Frankfurt und Hamburg gibt es Visa gegen Zusatzgebühr auch beim *Indo German Consultancy Services IGCS (www.igcsvisa.de)*.

WÄHRUNGSRECHNER

€	INR	INR	€
1	68,45	10	0,14
2	136,90	50	0,73
3	205,35	125	1,82
4	273,80	250	3,64
5	342,25	750	10,93
7	479,15	1500	21,86
12	821,40	2000	29,14
25	1711,26	6500	94,72
125	8556,29	12000	174,87

GESUNDHEIT

Für die Einreise aus Deutschland, Österreich und der Schweiz sind keine Schutzimpfungen erforderlich. Wer ganz auf Nummer sicher gehen will, fragt seinen Hausarzt nach Impfungen gegen Typhus und Hepatitis. Eine Malariaprophylaxe ist auf jeden Fall ratsam. Präzise Auskunft: *Reisemedizinisches Zentrum Hamburg, (www.gesundes-reisen.de | Hotline Tel. 0900 1 23 49 99 (*)*. Schließen Sie unbedingt eine Auslandskrankenversicherung mit Rückholversicherung ab. Im Falle einer Erkrankung oder eines Unfalls vor Ort entweder den Arzt rufen lassen, mit dem

Ihr Hotel einen Vertrag hat, oder direkt in eine der Privatkliniken fahren, die einen besseren Hygiene- und medizinischen Standard bieten als die öffentlichen Krankenhäuser. Weil sämtliche Kosten gleich an Ort und Stelle beglichen werden müssen, sollten Sie genügend Geld bei sich haben.

INLANDSREISEVERKEHR

Südindien ist verkehrstechnisch bis in den letzten Winkel erschlossen. Das engmaschige Verkehrsnetz aus Bahnen, Bussen und Flugzeugen funktioniert gut und ist preiswert. Für lange Strecken eignen sich außer Flugzeugen die Züge am besten, da sie die Strecke schneller zurücklegen als Busse, deren Zeitplan wegen des starken Verkehrs oft nicht einzuhalten ist. Vor allem bei Kurzstrecken und wenn man nicht auf die Minute schauen muss, lohnt sich wegen des unschlagbaren Preises ein Bus. Senioren erhalten hohe Ermäßigung in Bus und Zug.

Nützlich ist die Broschüre „Trains at a Glance", die an Bahnhofskiosken zu bekommen ist. Auf *www.indianrail.gov.in* und *www.irctc.com* stehen Fahrpläne, Preise und freie Plätze in Schlafwagen. Es gibt verschiedene Schalter für die 1., 2. und 3. Zugklasse, häufig auch einen für Touristen sowie für Frauen *(Ladies Ticket Office)*. Vor der Platzreservierung erst einmal das Ticket kaufen! Es ist fast unmöglich, telefonisch zu reservieren. Doch selbst wenn angeblich alles ausgebucht ist, sind gegen Aufpreis meist noch sogenannte VIP-Tickets erhältlich. Bei Nachtzügen mit Mehrbettabteilen oder Schlafwagen ist eine Reservierung notwendig. Ein *Indrail Pass* lohnt sich nur, weil man sich damit nicht in die oft langen Warteschlangen am Fahrkartenschalter einreihen muss. Sonst sind Einzeltickets etwas günstiger.

Das ganze Land ist mit einem gut ausgearbeiteten Busnetz durchzogen. Die meisten Strecken werden von den staatlichen, oft heißen und vollen Bussen abgedeckt. Klimatisierte Busse wie Volvo-Busse sind teurer, aber auf Langstrecken auch wesentlich angenehmer. Die verschiedenen Kategorien werden in *ordinary* (harte Sitze, keine Klimaanlage), *deluxe* oder *luxury* eingeteilt. Die Busse sollten zumindest Ventilatoren haben. Tickets gibt es an den Schaltern der Busbahnhöfe, bei manchen Privatbussen auch im Fahrzeug selbst.

Der innerindische Markt ist in Bewegung. Die staatliche Indian Airlines ist in die Air India übergegangen. Ständig kommen neue Privatlinien dazu, andere werden wieder eingestellt. Derzeit sind es rund zehn Fluggesellschaften, z. B. Jet Airways *(www.jetairways.com)*, SpiceJet *(www.spicejet.com)*, GoAir *(www.goair.in)* oder Paramount Airways, wo es nur die Business Class gibt *(www.paramountairways.com)*.

WAS KOSTET WIE VIEL?

Rikscha	**15 Cent** *pro km; mindestens 1,50 Euro*
Tee	**10 Cent** *für eine Tasse*
Liegestuhl	**ab 1,50 Euro** *Miete mit Schirm*
Dosa	**ab 36 Cent** *für eine Portion, gefüllt*
Massage	**ab 8,80 Euro** *ayurvedisch*
Kino	**ab 1 Euro** *für eine Eintrittskarte*

INTERNETCAFÉS & WLAN

In jedem Ort Indiens gibt es mindestens ein Internetcafé. Allerdings sind die Verbindungen manchmal quälend langsam. Auf den Preis wirkt sich die Dauer kaum aus, da die Nutzung sehr günstig ist. Die meisten Hotels bieten inzwischen WLAN-Hotspots. Allmählich setzt es sich in Städten oder beliebten Badeorten auch durch, in Cafés und Restaurants zu surfen.

KLIMA & REISEZEIT

Im Allgemeinen herrscht in Südindien abgesehen vom Hochland heißes und tropisches Klima. Die Zeit von November bis März ist die kühlste, daher für Mitteleuropäer die beste zum Reisen. Morgens und abends ist es dann angenehm lau, die Tage sind trocken und sonnig. Im südwestlichen Indien fällt der Monsunregen zwischen Ende April und Juli, im südöstlichen zwischen Oktober und Dezember.

MIETWAGEN MIT FAHRER

Es ist natürlich viel bequemer und zudem sicherer, sich von einem Fahrer von einem Ort zum anderen, von Hotel zu Hotel chauffieren zu lassen, als die Rundreise mit öffentlichen Verkehrsmitteln anzutreten. Von einem Mietwagen ohne Chauffeur ist wegen des irren Verkehrs und seiner ungeschriebenen Gesetze dringend abzuraten, zumal der Unterschied im Preis äußerst gering ist. Achten Sie unbedingt darauf, dass der Fahrer gut englisch spricht. Dann kann er Ihnen auch einiges am Wegesrand erklären. Fast jedes Reisebüro in Südindien vermittelt *chauffeured cars.* Sie können für eine Rundreise samt Unterkunft auch direkt von Deutschland aus gebucht werden. Z. B. bei *India Invites* in Goa *(Tel. 0091 832 2715781 | www.indiainvites.com)* oder *Aries Travel* in Kerala *(Tel. 0091 471 2330964 | www.ariestravel.net).*

NETZSPANNUNG

Die übliche Netzspannung beträgt 220 Volt Wechselstrom mit 50 Hz. In Indien gibt es verschiedene Steckdosenarten, bringen Sie unterschiedliche Adapter mit. Sie sind aber auch vor Ort erhältlich.

POST

Geben Sie Briefe und Postkarten lieber in Hotels oder Postämtern ab, statt sie in den Briefkasten zu werfen. Markieren Sie auch Postkarten mit „Airmail". Eine Postkarte von Indien nach Deutschland kostet 12 Rps., ein Brief 20 Rps., beide mit Luftpost. Postämter sind geöffnet Mo–Fr 10–18, Sa 10–12 Uhr.

SICHERHEIT

Wenn man einige Spielregeln beherrscht, ist Indien selbst für alleinreisende Frauen ein sicheres Reiseland. Die Autorin ist selbst seit vielen Jahren häufig auch allein in ganz Indien unterwegs. Als Frau sollte man jedoch keine aufreizende Kleidung tragen. Außerdem ist von Spaziergängen nach Einbruch der Dunkelheit abzuraten. Das Auswärtige Amt informiert Reisende ausführlich auf der Website *www.auswaertiges-amt.de* und über das Infotelefon *Tel. 030 50 00 20 00* über die Sicherheit im Zielland. Bitte beachten Sie vor Ihrer Abreise die offiziellen Hinweise.

SPEZIALVERANSTALTER INDIEN

IN DEUTSCHLAND

Comtour | Tel. 03054 95470 | www.comtour.de (erster Veranstalter für Kerala in Deutschland, Erfinder der Hausboot-

Touren); *Enchanting India | Tel. 089 | 59 08 21 57 | www.enchanting-india.de; Mercury Travels Frankfurt | Tel. 069 51 26 20, Hamburg | Tel. 040 22 75 63 37 | www.mercurytravels.co.in; Gebeco | Tel. 0431 5 44 60 | www.gebeco.de.* *Studiosus* hat mit der *Studiosus Foundation e.V.* in Karnataka 600 Bauernfamilien beim Bau von Biogasanlagen finanziell unterstützt *(Tel. 089 50 06 00 | www.studiosus.com).*

IN INDIEN

Auch für Touren, Flüge und Unterkünfte in ganz Südindien: *India Invites | Margao, Goa | Tel. 0091 832 2 71 57 81 | www.indiainvites.com; Aries Travel & Holidays | Thiruvananthapuram, Kerala | Tel. 0091 471 2 33 04 17 | www.ariestravel.net*

TAXI

Obwohl fast alle Taxen einen Taxameter haben, empfiehlt es sich, vorher einen Festpreis auszuhandeln. Bei Ankunft in Flughäfen und Bahnhöfen am besten ein Prepaid-Taxi nehmen. Damit ist der Preis inklusive Gepäck von vornherein klar. Die preiswertere Alternative auf kürzeren

WETTER IN GOA

	Jan.	Feb.	März	April	Mai	Juni	Juli	Aug.	Sept.	Okt.	Nov.	Dez.
Tagestemperaturen in °C	32	32	30	33	33	30	29	29	29	31	33	33
Nachttemperaturen in °C	20	20	23	25	26	24	24	24	24	24	22	20
Sonnenschein Stunden/Tag	10	9	10	10	9	4	2	4	6	7	9	10
Niederschlag Tage/Monat	0	0	0	1	6	25	29	25	17	8	3	0
Wassertemperaturen in °C	27	27	28	29	29	28	27	27	27	28	28	27

Strecken ist die Motorrikscha, auch *Three Wheeler* oder *tuk-tuk* genannt. Auch hier gilt: trotz gelegentlich vorhandenem Taxameter den Fahrpreis lieber vorher aushandeln.

TELEFON & HANDY

Telefonläden zum bequemen Telefonieren gibt es in jedem noch so kleinen Ort Südindiens. Sie sind mit PCO, STD und ISD gekennzeichnet. Nur wo ISD steht, kann man auch ins Ausland telefonieren. Vorwahl von Indien nach Deutschland: *0049,* nach Österreich *0043,* in die Schweiz *0041.* Vorwahl nach Indien: *0091.* Internationale Gespräche sind viel günstiger als bei uns. Wer mit dem Handy telefoniert, sollte sich eine indische Prepaid-Karte kaufen. Damit kann man sowohl innerhalb Indiens als auch nach Hause preisgünstiger telefonieren als über den eigenen Anbieter. Wichtig: Kopie vom Pass und zwei Passfotos mitbringen.

TRINKGELD

Es ist üblich, Kellnern, Portiers, Fremdenführern und Fahrern Trinkgeld zu geben. In guten Hotels wird entsprechend mehr erwartet. In Rechnungen sind Trinkgelder nicht inbegriffen. Haben Sie immer genug Kleingeld dabei, überall wird die Hand aufgehalten.

WÄHRUNG

Die Währung in Indien ist die Indische Rupie (offizielle Abkürzung INR, inoffiziell Rp.). Eine Rupie entspricht 100 Paise. Münzen gibt es in Nennbeträgen von 10, 25 und 50 Paise sowie 1, 2 und 5 Rupien. Banknoten gibt es in den Nennbeträgen 1, 2, 5, 10, 20, 50, 100, 500 und 1000 Rupien.

ZAHNBEHANDLUNGEN

Zum Zahnarzt nach Indien? So abwegig ist der Gedanke nicht. Die Praxen sind modern, die meisten Zahnärzte haben ihre Ausbildung in England oder den USA erhalten und führen professionelle Wurzelbehandlungen durch, setzen Implantante ein, überkronen und bleechen. Der Vorteil: Es ist zwischen der Hälfte bis zu zwei Dritteln günstiger als bei uns, es gibt keine Wartezeiten, und einige Resorts wie das *Poovar Island Resort (Tel. 0471 2 57 36 49 | www.poovarislandresort.com)* in Kerala arbeiten mit Zahnpraxen zusammen. Das heißt, nach dem Pflichtteil folgt die Kür, sozusagen als Belohnung in Form von Ayurveda oder Wellness. Die meisten Zahnärzte für Touristen befinden sich in Goa, gefolgt von Kerala. Übrigens sind in Indien auch Schönheits-OPs wesentlich preiswerter.

ZEITUNTERSCHIED

Im Winter liegt Indien 4,5 Std. vor der mitteleuropäischen Zeit, während der Sommerzeit in Europa sind es 3,5 Std.

ZOLL

Devisen ab 5000 US$ sind bei der Einreise zu deklarieren. Auch hochwertige Gegenstände (z. B. Videokameras) müssen angemeldet werden. Die Ein- und Ausfuhr der indischen Währung ist verboten. Über 17-Jährige dürfen bei der Rückreise z. B. 200 Zigaretten oder 250 g Tabak nach Deutschland bzw. Österreich einführen sowie 1 l Spirituosen und 2 l Wein. Weiterhin erlaubt sind Geschenke und Souvenirs bis zu einem Wert von 430 Euro. In die Schweiz dürfen u. a. pro Person 200 Zigaretten, 2 l Alkohol sowie Waren bis zu einem Wert von 300 SFR zollfrei mitgenommen werden.

SPRACHFÜHRER ENGLISCH

AUSSPRACHE

Zur Erleichterung der Aussprache sind alle englischen Wörter mit einer einfachen Aussprache (in eckigen Klammern) versehen. Folgende Zeichen sind Sonderzeichen:

θ hartes [s] (gesprochen mit Zungenspitze an der oberen Zahnreihe, zischend)
D weiches [s] (gesprochen mit Zungenspitze an der oberen Zahnreihe, summend)
' nachfolgende Silbe wird betont
ə angedeutetes [e] (wie in „Bitte")

AUF EINEN BLICK

ja/nein/vielleicht	yes [jäs]/no [nəu]/maybe [mäibi]
bitte/danke	please [plihs]/thank you [θänkju]
Entschuldige!	Sorry! [Sori]
Entschuldigen Sie!	Excuse me! [Iks'kjuhs mi]
Wie bitte?	Pardon? ['pahdn?]
Ich möchte .../Haben Sie ...?	I would like to ...[ai wudd 'laik tə ...]/ Have you got ...? ['Həw ju got ...?]
Wie viel kostet ...?	How much is ...? ['hau matsch is ...]
Das gefällt mir (nicht).	I (don't) like this. [Ai (dəunt) laik Dis]
gut/schlecht	good [gud]/bad [bäd]
offen/geschlossen	open ['oupän]/closed ['klousd]
kaputt/funktioniert nicht	broken ['brəukən]/doesn't work ['dasənd wörk]
Hilfe!/Achtung!/Vorsicht!	Help! [hälp]/Caution! ['koschən]
Krankenwagen	ambulance ['ämbjulənts]
Polizei/Feuerwehr	police [po'lihs]/fire brigade [faiə brigäid]
Gefahr/gefährlich	danger [deinschər]/dangerous ['deinschərəss]
Guten Morgen!/Tag! Abend!/Nacht!	Good morning! [gud 'mohning]/afternoon! [aftə'nuhn]/evening! [ihwning]/night! [nait]
Hallo!/Auf Wiedersehen!	Hello! [hə'ləu]/Goodbye! [gud'bai]
Tschüss!	Bye! [bai]
Ich heiße ...	My name is ... [mai näim is ...]
Wie heißen Sie/heißt Du?	What's your name? [wots jur näim?]
Ich komme aus ...	I'm from ... [Aim from ...]
heute/morgen/gestern	today [tə'däi]/tomorrow [tə'morəu]/yesterday ['jästədäi]
Stunde/Minute	hour ['auər]/minutes ['minəts]

Do you speak English?

„Sprichst du Englisch?" Dieser Sprachführer hilft Ihnen, die wichtigsten Wörter und Sätze auf Englisch zu sagen

Tag/Nacht/Woche	day [däi]/night [nait]/week [wihk]
Monat/Jahr	month [manθ]/year [jiər]
Ich habe ein Zimmer reserviert.	I have booked a room. [ai häw buckt ə ruhm]
nach vorne/zum Meer	forward [fohwəd]/to the sea [tu Də sih]
Schlüssel/Zimmerkarte	key [ki]/room card ['ruhm kahd]
Gepäck/Koffer/Tasche	luggage ['laggətsch]/ suitcase ['sjutkäis]/bag [bäg]
Wie viel Uhr ist es?	What time is it? [wot 'taim is it?]
Es ist drei Uhr.	It's three o'clock. [its θrih əklok]

UNTERWEGS

links/rechts	left [läft]/right [rait]
geradeaus/zurück	straight ahead [streit ə'hät]/back [bäk]
nah/weit	near [niə]/far [fahr]
Eingang/Einfahrt	entrance ['äntrənts]/driveway ['draifwäi]

HINDI

Viele der folgenden Wörter sind typisch für den Sprachgebrauch von Hindus und können Muslimen gegenüber unpassend wirken.

Ja./Nein.	Dschi haa./Dschi nahi.	जी हाँ / जी नहीं
Ja. (gut, ich verstehe)	atschaa.	अच्छा.
Bitte./Danke.	Krpaja./thän·kyuu	कृपया. / धन्यवाद.
Verzeihen Sie.	maaf kii·ji·ye	मझे खेद है!
Guten Tag!/Guten Abend!	Namastee!	नमस्ते!
Auf Wiedersehen!	Namastee!	नमस्ते!
Ich heiße ...	Mera namm ... hä.	मरा नाम ... है.
Ich komme aus ...	Mä ...	मैं...
... Deutschland.	... dscharmani ...	...जर्मनी...
... Österreich./Schweiz.	... ostria ... /switserland se hu.	...औस्ट्रिअ / स्विट्ज़र्लन्द...
Wie viel kostet es?	Ye kitne paisse hä?	ये कितने पैसे हैं?
Bitte, wo ist ...?	Dschi, kaha ... hä?	जी, कहाँ ... है?

1	ek	१ (एक)	5	pantsch	५ (पाँच)	9	no	८ (नौ)
2	do	२ (दो)	6	tschä	६ (छह)	10	das	१० (दस)
3	tin	३ (तीन)	7	ssaath	७ (सात)	20	bis	२० (बीस)
4	tschar	४ (चार)	8	aath	८ (उाठ)	100	ssoh	१०० (सौ)

Abfahrt/Abflug/Ankunft	departure [dih'pahtschə]/departure [dih'pahtschə]/ arrival [ə'raiwəl]
Darf ich Sie fotografieren?	May I take a picture of you? [mäi ai täik ə 'piktscha of ju?]
Wo ist ...?/Wo sind ...?	Where is ...? ['weə is...?]/Where are ...? ['weə ahr ...?]
Toiletten/Damen/Herren	toilets ['toilət] (auch: restrooms [restruhms])/ladies ['läidihs]/gentlemen ['dschäntlmən]
Bus/Straßenbahn	bus [bas]/tram [träm]
U-Bahn/Taxi	underground ['andəgraunt]/taxi ['tägsi]
Bahnhof/Hafen	(train) station [(träin) stäischən]/harbour [hahbə]
Flughafen	airport ['eəpohrt]
Fahrplan/Fahrschein	schedule ['skädjuhl]/ticket ['tikət]
Zug/Gleis	train [träin]/track [träk]
einfach/hin und zurück	single ['singəl]/return [ri'törn]
Ich möchte ... mieten.	I would like to rent ... [Ai wud laik tə ränt ...]
ein Fahrrad	a bicycle [ə 'baisikl]

ESSEN & TRINKEN

Reservieren Sie uns bitte für heute Abend einen Tisch für vier Personen.	Could you please book a table for tonight for four? [kudd juh 'plihs buck ə 'täibəl for tunait for fohr?]
Die Speisekarte, bitte.	The menue, please. [Də 'mänjuh plihs]
Salz/Pfeffer/Zucker	salt [sohlt]/pepper ['päppə]/sugar ['schuggə]
mit/ohne Eis/Kohlensäure	with [wiD]/without ice [wiD'aut ais]/gas [gäs]
Vegetarier(in)/Allergie	vegetarian [wätschə'türiən]/allergy ['älləd schi]
Ich möchte zahlen, bitte.	May I have the bill, please? [mäi ai häw De bill plihs]

EINKAUFEN

Wo finde ich ...?	Where can I find ...? [weə kän ai faind ...?]
Ich möchte .../Ich suche ...	I would like to ... [ai wudd laik tu]/I'm looking for ... [aim luckin foə]
Brennen Sie Fotos auf CD?	Do you burn photos on CD? [Du ju börn 'fəutəus on cidi?]
Bäckerei/Markt	bakery ['bäikəri]/market ['mahkit]
Lebensmittelgeschäft	grocery ['grəuscheri]
100 Gramm/1 Kilo	100 gram [won 'handrəd gräm]/1 kilo [won kiləu]
teuer/billig/Preis	expensive [iks'pänsif]/cheap [tschihp]/price [prais]
mehr/weniger	more [mor]/less [läss]

GESUNDHEIT

Arzt/Zahnarzt/Kinderarzt	doctor ['doktər]/dentist ['däntist]/pediatrician [pidiə'trischən]
Krankenhaus	hospital ['hospitəl]
Fieber/Schmerzen	fever ['fihwər]/pain [päin]
Durchfall/Übelkeit	diarrhoea [daiə'riə]/nausea ['nohsiə]

Sonnenbrand	sunburn ['sanböhrn]
entzündet/verletzt	inflamed [in'fläimd]/injured ['indschəd]
Apotheke/Drogerie	pharmacy ['farməssi]/chemist ['kemist]
Schmerzmittel/Tablette	pain reliever [päin re'lihwər]/tablet ['täblət]

BANKEN & GELD

Bank/Geldautomat	bank [bänk]/ATM [äi ti äm]/cash machine ['käschməschin]
Geheimzahl	pin [pin]
Ich möchte ... Euro wechseln.	I'd like to change ... Euro. [aid laik tu tschäindsch ... iuhro]
bar/ec-Karte/Kreditkarte	cash [käsch]/ATM card [äi ti äm kahrd]/credit card [krädit kahrd]
Banknote/Münze	note [nout]/coin [koin]
Wechselgeld	change [tschäindsch]

TELEKOMMUNIKATION & MEDIEN

Ich suche eine Prepaid-karte.	I'm looking for a prepaid card. [aim 'lucking fohr ə 'pripäid kahd]
Wo finde ich einen Internetzugang?	Where can I find internet access? [wär känn ai faind 'internet 'äkzäss?]
Brauche ich eine spezielle Vorwahl?	Do I need a special area code? [du ai nihd ə 'späschəl 'äria koud?]
Computer/Batterie/Akku	computer [komp'jutə]/battery ['bättəri]/rechargeable battery [ri'tschahdschəbəl 'bättəri]
At-Zeichen („Klammeraffe")	at symbol [ät 'simbəl]
Internetanschluss/WLAN	internet connection ['internet kə'näktschən]/Wifi [waifai] (auch: Wireless LAN ['waərläss lan])
E-Mail/Datei/ausdrucken	email ['imäil]/file [fail]/ print [print]

ZAHLEN

0	zero ['sirou]	13	thirteen [θör'tihn]
1	one [wan]	14	fourteen [fohr'tihn]
2	two [tuh]	15	fifteen [fif'tihn]
3	three [θri]	16	sixteen [siks'tihn]
4	four [fohr]	17	seventeen ['säwəntihn]
5	five [faiw]	18	eighteen [äi'tihn]
6	six [siks]	19	nineteen [nain'tihn]
7	seven ['säwən]	20	twenty ['twänti]
8	eight [äit]	100	(one) hundred [('wan) 'handrəd]
9	nine [nain]	1000	(one) thousand [('wan) θausənd]
10	ten [tän]	10000	ten thousand ['tän θausənd]
11	eleven [i'läwn]	1/2	a/one half [ə/wan 'hahf]
12	twelve [twälw]	1/4	a/one quarter [ə/wan 'kwohtə]

REISEATLAS

Die grüne Linie ▬ zeichnet den Verlauf der Ausflüge & Touren nach
Die blaue Linie ▬ zeichnet den Verlauf der Perfekten Route nach

Der Gesamtverlauf aller Touren ist auch in der herausnehmbaren Faltkarte eingetragen

Bild: Fischer beim Einziehen der Netze in Kovalam

INHALT

Karnataka → S. 74

Tamil Nadu → S. 94

Ausflüge & Touren → S. 114

Reiseatlas → S. 142

GUT ZU WISSEN

Geschichtstabelle → S. 12
Spezialitäten → S. 26
Kathakali → S. 53
Bücher & Filme → S. 84
Währungsrechner → S. 133
Was kostet wie viel? → S. 134
Wetter in Goa → S. 136

KARTEN IM BAND
(144 A1) Seitenzahlen und Koordinaten verweisen auf den Reiseatlas
(0) Ort/Adresse liegt außerhalb des Kartenausschnitts
Es sind auch die Objekte mit Koordinaten versehen, die nicht im Reiseatlas stehen
Karten zu Bengaluru, Chennai, Panaji und Thiruvananthapuram finden Sie im hinteren Umschlag
Karte Kochi → S. 48

UMSCHLAG HINTEN: FALTKARTE ZUM HERAUSNEHMEN →

FALTKARTE
(A–B 2–3) verweist auf die herausnehmbare Faltkarte

Die besten MARCO POLO Insider-Tipps

Von allen Insider-Tipps finden Sie hier die 15 besten

INSIDER TIPP **Samstagnacht in Goa**
Während andere schlafen, können Sie in Goa stattdessen einkaufen gehen – in einer ganz besonderen Atmosphäre: Auf dem Arpora Saturday Night Bazar wird gefeiert, gefeilscht und gestaunt → S. 36

INSIDER TIPP **Stadt der Zukunft**
Geistige Freiheit dank Yoga und Meditation in Sri Aurobindos Aschram Auroville. Rund 2000 Menschen aus 40 Nationen leben in der „universellen Stadt" → S. 104, 123

INSIDER TIPP **Romantik unterm Sternenhimmel**
Das Full Moon Restaurant an der Bogmalo Bay stellt Tische direkt am Wasser auf → S. 41

INSIDER TIPP **Vom Bösewicht zum Naturschützer**
Mit Ex-Elfenbeinschmugglern und Wilderern zum Trekking in Thekkady: Niemand kennt die Wege der Elefanten genauer, deutet die Spuren der Tiger besser → S. 117

INSIDER TIPP **30 000 Kokosnüsse für Ganesha**
Jeden Morgen werden dem elefantenköpfigen Gott am Pazhavangadi-Ganapathy-Tempel Opfer gebracht → S. 66

INSIDER TIPP **Bootsfahrt in den Sonnenuntergang**
Happy Hour: zur richtigen Zeit am richtigen Ort bei einer abendlichen Flussfahrt auf dem Mandovi River – Livemusik, Folkloreshow und Dinner inklusive → S. 42

INSIDER TIPP **Perfekte Passform in einer Stunde**
Ob Kleider, Blusen, Hosen oder Hemden: Im Pudumandapam Market Madurai erfüllen 250 Schneider Ihre Wünsche in Windeseile → S. 106

INSIDER TIPP **Hot & spicy**
Muskat, Kardamom, Vanille, Zimt und Sandelholz – Gerüche wie aus 1001 Nacht auf dem Gewürzmarkt von Kochi → S. 51

INSIDER TIPP Mit der Dampflok in die Berge
Er sieht aus wie ein Spielzeugzug – und fährt auch nicht viel schneller – Gott sei dank, denn nur so können Sie die Nostalgiefahrt mit dem Blue Mountain Train nach Ooty ausgiebig genießen. Beobachten Sie unterwegs die Affen, und teilen Sie Ihren Lunch mit den Mitreisenden (Foto li.) → S. 114

INSIDER TIPP Auf Naturtour fern der Massen
Den ursprünglichen Nationalpark Wayanad in den Niligiri Mountains mit Berghöhlen und dichtem Dschungel haben Sie (noch) fast ganz für sich allein (Foto u.) → S. 64

INSIDER TIPP Relaxen zwischen Bananenstauden
In Hampi treffen sich Traveller im Mango Tree zum Essen leckerer preiswerter *thalis.* Anschließend wird gedöst mit Blick auf den Fluss – manchmal den ganzen Nachmittag lang → S. 82

INSIDER TIPP Frühstück mit Elefant
Im Restaurant Aarathy in Madurai dürfen die Gäste zweimal täglich das Tempeltier mit südindischen Spezialitäten füttern → S. 106

INSIDER TIPP Urlaub auf dem Bauernhof
Sicher nicht das, was Sie spontan mit einer Südindienreise verbinden würden: Farmleben auf indische Art – organische Landwirtschaft erleben, Ochsenkarren fahren, aber auch ins ganzheitliche Spa abtauchen im Dorf nahe Bengaluru → S. 79

INSIDER TIPP Flipper in Freiheit
Im Meer vor der einsamen Bucht von Agonda spielen am Abend die Delphine → S. 38

INSIDER TIPP Schlafen unter Elefantengras
In den Cottages des Spice Village in Thekkady herrscht wegen der natürlichen Materialien ein sehr gesundes Klima – ideal zum Schlafen! → S. 58

BEST OF …

TOLLE ORTE ZUM NULLTARIF

Neues entdecken und den Geldbeutel schonen

SPAREN

● ***Mit Yoga ganz früh in den Tag***
An 26 öffentlichen Plätzen Chennais, z. B. Panagal Park und Marina Beach, können Sie morgens zwischen 6 und 8 Uhr an *kostenlosen Yogaklassen* teilnehmen. Die Initiative geht auf den früheren Bürgermeister zurück, dem die Gesundheit seiner Mitbürger am Herzen lag → S. 123

● ***Massage inklusive***
In den Gewürzgärten Goas sind in die Führungen auch kostenlose, entspannende *Massagen* eingebaut. Natürlich mit den Hintergedanken, dass Sie später entsprechende Öle kaufen. Ist aber kein Muss → S. 43

● ***Silent Partys***
Mit Kopfhörern nachts barfuß am Strand tanzen – das ist romantisch und rücksichtsvoll! Geschont wird auch das Portemonnaie: Die *Open-Air-Diskos in Palolem* in Goa kosten keinen Eintritt (Foto) → S. 39

● ***Erst die Reisernte, dann das Vergnügen***
Ist der Reis eingebracht, veranstalten die Bauern rund um Hampi *Ochsenkarrenrennen und Stierkämpfe*. Kein Tier muss leiden, der Preis des Toreros sind Geld und Süßigkeiten, vom Kopf des Stiers geschnappt. Und Sie dürfen mitmachen – hautnah an südindischen Traditionen → S. 83

● ***Mit frischen Garnelen den Tag beenden***
Kaufen Sie sich direkt an den chinesischen Fischernetzen in Kochi ein paar fangfrische Garnelen, und lassen Sie sie an den Buden zubereiten. Das kostet allenfalls einen Euro, Sie sitzen mit Ihrer Tüte im Sand und schauen in den Sonnenuntergang, gegen den sich die Silhouetten der riesigen Netze abzeichnen – unvergleichlich! → S. 50

● ***Über 300 Konzerte für lau***
Zum *Chennai Music and Dance Festival* werden an über 100 Plätzen der Stadt klassische Musik gespielt und traditionelle Tänze aufgeführt – mit mehr als 2000 Teilnehmern in über 300 Konzerten. Und das Ganze kostet – nichts. Wer mag, gibt allenfalls eine kleine Spende → S. 127

●●●● Diese Punkte zeichnen in den folgenden Kapiteln die Best-of-Hinweise aus

TYPISCH SÜDINDIEN

Das erleben Sie nur hier

● *Wenn indische Männer tanzen gehen*

Beim *Kathakali,* jener berühmtesten Tanzform Südindiens, sind die ausschließlich männlichen Darsteller bunt geschminkt und verkleidet. Sie dürfen Ihnen bei dem stundenlangen Schminkvorgang zusehen. Und natürlich die Tänze anschauen: Die getanzte Pantomime des Kathakali erzählt Geschichten aus uralten Hindu-Epen → S. 53

● *Tattoo auf Zeit*

In dem Modelldorf *Dakshinachitra* bei Chennai werden Ihnen typisch indische Handwerksarbeiten vorgeführt. Wenn Sie mögen, lassen Sie sich dort mit Henna kunstvolle Mehndi-Muster auf die Hand malen → S. 102

● *Spirituell shoppen*

Pondicherry gilt als echtes Shoppingparadies in Sachen spiritueller Grundausstattung. Vor allem wegen der *Läden von Sri Aurobindo,* wo Kleider, Taschen, Schmuck, Räucherstäbchen, Öle und handgemachtes Papier in hochwertiger Qualität verkauft werden – hergestellt im benachbarten Aschram von Auroville → S. 104

● *Indiens Schätze liegen im Süden*

Die wertvollsten Monumente und Kulturschätze des gesamten Subkontinents sehen Sie in Südindien. Erleben Sie die beeindruckende *Tempelanlage von Hampi* (Foto) und die magischen *Meerestempel in Mamallapuram* → S. 80, 103

● *Auf dem Sozius durch Goa*

Mieten Sie sich in Goa einen Zweirad-Piloten, der Sie mit dem Motorrad oder einer Vespa überall hinbringt. Kostet wenig, macht Spaß und ist einfach unverwechselbar! Stände der *Two Wheeler Taxis* finden Sie in jedem Ort → S. 41

● *Abschied am Meer*

Diese *Zeremonien* gehen unter die Haut und zeigen Ihnen ein echtes Stück Indien. Aber Sie müssen früh aufstehen, um die Priester bei ihrer Arbeit am *Strand von Varkala* in Kerala zu beobachten. Familien bringen die Asche Verstorbener zu ihnen, um sie segnen zu lassen. Danach wird sie im Meer verstreut → S. 68

TYPISCH

BEST OF ...

SCHÖN, AUCH WENN ES REGNET

Aktivitäten, die Laune machen

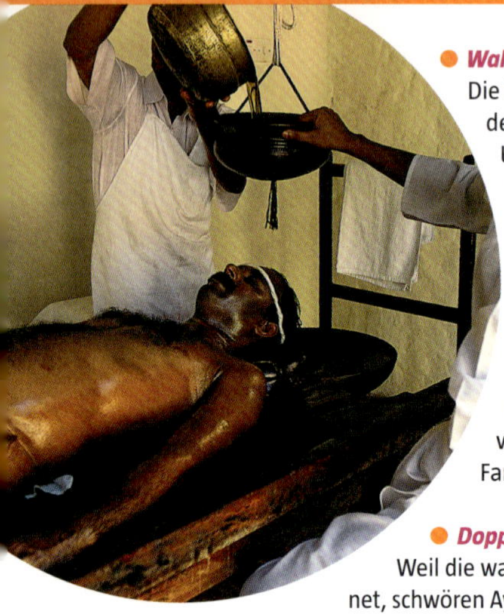

● *Walking in the rain ...*

Die Bergstämme im Nordosten Keralas feiern den Tropenregen besonders ausgelassen. Und Sie dürfen mitmachen: Bei Regen-Spaziergängen, bei Schlammfußball oder Krabbenrennen → S. 64

● *Shoppen auf Südindisch*

Vergessen Sie die Stippvisite! Im überdachten Basar beim *Shri-Meenakshi-Sundareshwarar-Tempel* in Madurai können Sie sich verlieren. Wie im Flug vergeht die Zeit inmitten all der Düfte, Farben und herrlichen Stoffe → S. 106

● *Doppelt effektiv*

Weil die warme Feuchtigkeit die Poren ganz weit öffnet, schwören Ayurveda-Ärzte auf den Monsoon als beste Jahreszeit für eine Kur. Zumal sich ihre Patienten dann voll auf die Behandlungen konzentrieren können, statt sich zu sonnen und zu baden (Foto) → S. 44

REGEN

● *Mehr als Bollywood*

Kino in Indien ist nicht nur Bollywood. Und jedes Dorf hat ein Kino, in dem das Publikum begeistert mitmacht – lacht, weint, klatscht. Setzen Sie sich dazu, in Chennai, in Ooty – ein hautnahes Erlebnis → S. 101, 112

● *Markt mit allen Sinnen*

In den Hallen des *Devaraja Fruit & Vegetable Market* von Mysore erleben Sie das wahre Indien! Probieren Sie saftige (geschälte!) Tropenfrüchte, machen Sie Fotos von den bunten Gewürzkegeln, schließen Sie die Augen und nehmen Sie die intensiven Blütendüfte wahr → S. 92

● *Wasserkraft hoch zwei*

Noch schöner als sonst sprühen die sechs Wasserfälle *Jog Falls* in Karnataka während des Monsoons. Kraftvoll donnern die Fälle dann mit ungeheuren Wassermengen bis zu 250 m in die Tiefe → S. 87

ENTSPANNT ZURÜCKLEHNEN

Durchatmen, genießen und verwöhnen lassen

ENTSPANNT

● *Guten Gewissens erholen*

Am legendären Om-Strand liegt das *Swaswara Yoga- und Ayurveda-Resort*. In dem zauberhaften Hotel hat man nicht nur Ihre natürliche Stärkung im Sinn, sondern dank strenger ökologischer Richtlinien auch die der umgebenden Natur – eine ganzheitliche Erfahrung → **S. 90**

● *Speisen in stiller Eintracht*

Im strohgedeckten *Blue Ginger Restaurant* in Bangalore bekommen Alleinreisende einen Goldfisch im Glas auf den Tisch. So ein Tischherr sorgt für Entspannung: Sie müssen keine Konversation auf Krampf machen und speisen doch in (stiller) Gesellschaft → **S. 77**

● *Per Boot im Öko-Paradies*

Der *Pichavaram Forest* bei Chidambaram ist der zweitgrößte Mangrovenwald der Welt und ein einzigartiger Ökotourismus-Spot. Abseits der Zivilisation fährt Sie ein Boot bequem durch die üppige Natur → **S. 104**

● *Über den Dingen sitzen*

Bester Spot für einen gechillten Abend ist ein Platz in einem *Open-Air-Café auf dem Kliff von Varkala* in Kerala. Mit hochgelegten Füßen sitzen Sie hier in der ersten Reihe, wenn die Sonne blutrot im Meer versinkt. Und genießen das spektakuläre Breitwandpanorama von See und Sand, auf dem Aussteiger entrückt zu tanzen beginnen → **S. 69**

● *Rundum versorgt*

Ein Besuch im *Millenium Beauty Parlour* in Margao ist ein Rundum-Wohlfühl-Erlebnis. Mit Haarpackungen aus Naturprodukten, wunderbaren Massagen und Peelings können Sie den ganzen Tag verbringen → **S. 39**

● *Chillout auf dem Hausboot*

In den herrlich verwunschenen *Backwaters von Kerala* genießen Sie die tropische Natur mit ihrer üppigen Flora und Fauna am besten ganz relaxt vom Deck eines Hausboots aus. Unterwegs verwöhnt man Sie mit regionalen Spezialitäten– ganz frisch zubereitet an Bord (Foto) → **S. 72**

AUFTAKT

Unterwegs in Indiens Süden

Die Seiteneinteilung für den Reiseatlas finden Sie auf dem hinteren Umschlag dieses Reiseführers

Kirkee
PUNE
Paud
Hadapsar
Loni Kalbhor
Yavat
Daund
Pedgaon
Karjat
Sina
Kurkumb
Patas
Rassin
Karmāla
Welhe
1371
Rajgarh
Sāsvad
Jejuri
Supa
Bhiavan
Parer
Purandhar
Margaon
Bārāmati
Wangi
Rople
Mhaisgao
343
Mahād
Shirwal
Nira
Indapur
Bhor
Lonand
Mālegaon
Lāsurne
Nimbgaon Ketki
Tembhurni
Kurd
Poladpur
Kamalgarh
Khandāla
Mahābaleshwar
Wai
Phāltan
Shetfal
Pratabgarh
Panchgavi
1194
Watar
1050
Mālsiras
Karkamb
Medha
Deura
Budh
252
Krishna
Kaner
Shingnāpur
Velāpur
Kheḍ
Sātāra
Pusegaon
Koregaon
Rahimatpur
Mhasvād
Piliv
Pandharpu
Maharastra
Koyna Reservoir
Chiplūn
Aundh
Katarkhatav
954
Mahūd Budrukh
Dighanchi
334
Nagaon
Sanvarda
Pusesāvli
Mangalwedha
Helwak
Umbraj
Māyni
Kaledhon
Atpadi
Chinake
Sangola
Pātan
Javale
Mākhjan
Medha
Karād
Kadepur
Vita
Khānāpur
Gherdi
Umad
Sangameshwar
Devrukh
1038
Arla
Nerla
Visāpur
Kuchi
Nagaj
Karaja
Hatkamba
Sākharpa
Charan
Peth
Tāsgaon
Jath
Belkar
1023
Mālkapur
Kasba Sarud
Ashta
SĀNGLI
Deshing
Daghlapur
Bilūr
Kakmari
Lānja
Wadgaon
Miraj
Panhāla
KOLHĀPUR
Hatkalangda
Jaysingpur
Shedbāl
Telsang
Athni
694
Bobl
Nate
Raypatan
Porla
Kurandvad
Sāvalgi
Rājapur
269
ICHALKARANJI
Karna
Kāgal
Yebarhatta
Jamkhandi
Kharepātan
Bavda
Sādalgi
Ankli
Raybāg
Rabkavi Banhatti
Ma
991
Rādhanagari
Nipāni
Chikodi
Galga
Talera
Phonda
Radhanagari Wildlife Resort
Murgud
Kapsi
Khareshi
Mahālingpur
Mudhol
Kankauli
Sankeshwar
Bagewadi
1036
Kadgaon
Gadhinglaj
Hukeri
Yādwād
Kaladgi
Achra
Digrāla
Bhadwan
Konnur
Godāk
722
Kasāl
Ajra
Yam-kanmardi
Udpūdi
Hulagr
Mālvan
Nerur
Tarag
Sindhudurg
Vādi Varavda
Kudāl
Amboli
Chandgad
Yargatti
Malprabha
Sāvantvādi
1045
Bail Hongal
Kulg
Vengurla
Rāmghāt
Banda
Talavdā
BELGAUM
790
Aros
Saundatti
Ajgāon
Kalna
Bagevadi
Asundi
Kankumbi
1038
Bailur
Dadvad
Nargund
Terekhol
Pernem
Havchinal
Morgim
Māpuca
Sanquelim
Khānāpur
Kittur
Garag
Calangute
Velha Goa
725
Valpoy
Nandgad
Bidi
735
Morab
Amīnbhavi
Navalgund
Goa
Londa
Kelgeri
Arabia, Africa
Panaji
Pilar
Molen
155
Annigeri
Ponda
DHARWAD
Mormugao
410
Haliyāl
HUBLI
GA
Margaon
Sanguem
Supa
Dandeli
Kundagol
Chandor
Quepem
Sāmbrāni
Kalghatgi
Varca
Bally
1053
Deuli
Kegdal
Bhāgvati
Tadas
Bammigatti
Gudgeri
Lak
Cape Rama
Baghwan Mahavir N.P.
479
Agonda
Jagvi
Kirvatti
Bedti
Palolem
Chauri
Anshi
Gōtgali
Yellāpur
Mundgod
304
Savanūr
Idgudi
Bankapur
Sadashivgarh
Bāre
Karnataka
Kārwār
Binge
799
Arbail
Katur
Hāngal
Haveri
Bābambid
Ba
Aversa
Shirkop
Byadgi
50 km
Ankola
Hulekal
Sirsi
Havasbhavi
835
Shivgaon
Anavatti
Rānībenn
Gokarn
Manjguni
Mirjan
Tyāgli
848
Hirekerūr
382
Kumta
Bilgi
Sidda-pur
Sorab
Sirālkoppa
Dodmane
Suntikoppa
Shikārpur
147

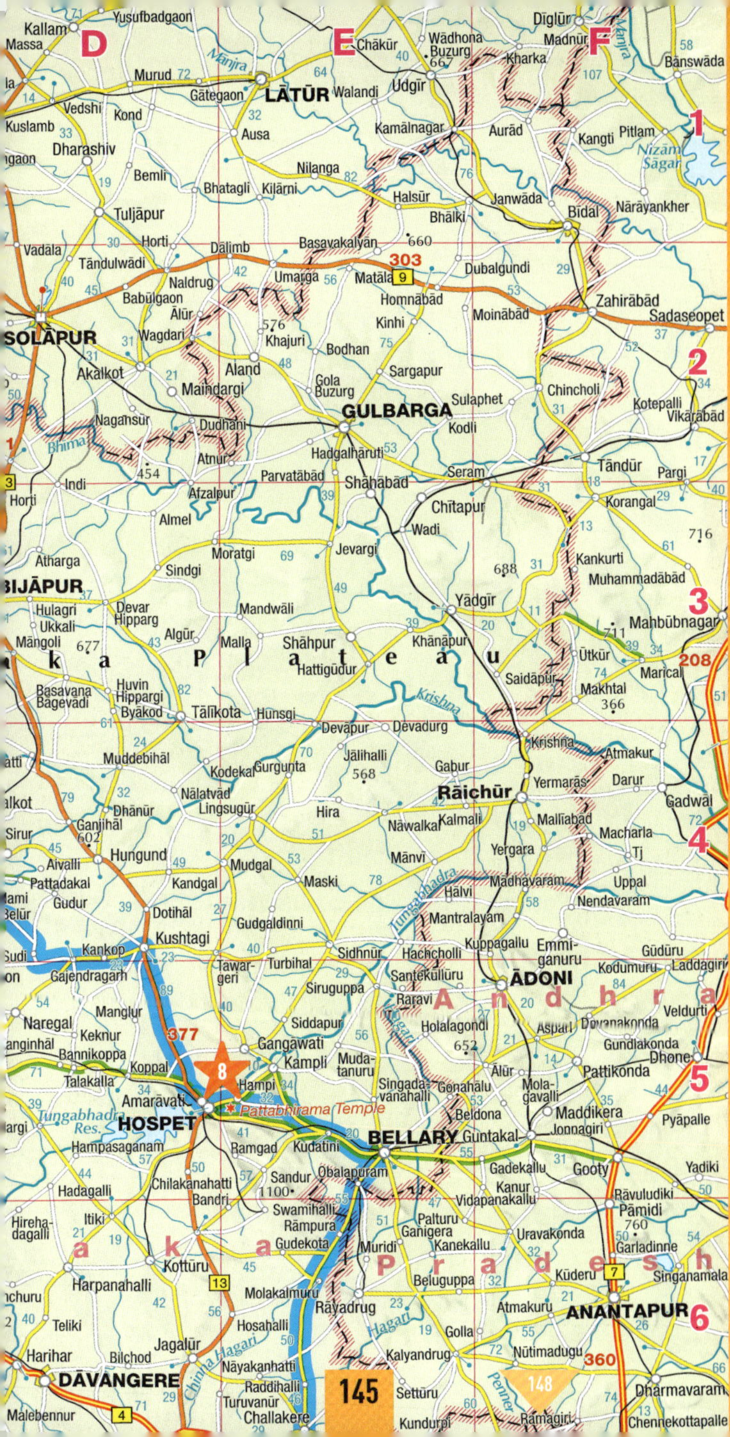

D
E
F
1
2
3
4
5
6
Kallam
Massa
Yusufbadgaon
Murud
Gātegaon
LĀTŪR
Manjira
Walandi
Chākūr
Wādhona Buzurg
Udgīr
Dīglūr
Madnūr
Banswāda
Kharka
Vedshi
Kond
Kuslamb
Dharashiv
Ausa
Kamālnagar
Aurād
Kangti
Pitlam
Nizām Sāgar
Bemli
Nilanga
Bhatagli
Kilārni
Halsūr
Janwāda
Bhālki
Bidal
Nārāyankher
Tuljāpur
Vadāla
Horti
Tāndulwādi
Dālimb
Basavakalyan
Umarga
Matāla
Dubalgundi
Naldrug
Babūlgaon
Ālūr
Homnābād
Moinābād
Zahirābād
Sadaseopet
SOLĀPUR
Wagdari
Khajuri
Kinhi
Bodhan
Akalkot
Aland
Maindargi
Sargapur
Gola Buzurg
Chincholi
Kotepalli
Vikārābād
GULBARGA
Sulaphet
Kodli
Nagansūr
Dudhani
Bhima
Hadgalhāruti
Atnūr
Tāndūr
Pargi
Indi
Horti
Parvatābād
Shāhābād
Seram
Chitapur
Korangal
Afzalpur
Almel
Wadi
Atharga
Moratgi
Jevargi
Kankurti
Muhammadābād
Sindgi
BIJĀPUR
Hulagri
Ukkali
Devar Hipparg
Mandwāli
Yādgīr
Mahbūbnagar
Māngoli
Algūr
Malla
Shāhpur
Hattigūdur
Khānāpur
Ūtkūr
Marical
Basavana Bagevadi
Huvin Hipparg
Byākod
Tālikota
Hunsgi
Saidāpur
Makhtal
Krishna
Devāpur
Devadurg
Atmakur
Muddebihāl
Kodekal
Gurgunta
Jālihalli
Gabur
Darur
Rāichūr
Yermarās
Gadwāl
Nālatvād
Lingsugūr
Dhānūr
Hira
Nāwalkal
Kalmali
Malliābad
Ganjihāl
Machārla
Sirur
Aivalli
Hungund
Mānvi
Yergara
Pattadakal
Mudgal
Maski
Kandgal
Madhavaram
Uppal
Gudur
Hālvi
Nendavaram
Dotihāl
Gudgaldinni
Mantralayam
Tungabhadra
Kushtagi
Kuppagalli
Emmiganuru
Kankop
Sidhnūr
Hachcholli
Gūdūru
Laddagiri
Gajendragarh
Tawargeri
Turbihal
Santekullūru
ĀDONI
Kodumuru
Siruguppa
Raravi
Veldurti
Manglur
Naregal
Keknur
Siddapur
Holalagondi
Aspari
Devanakonda
Gundlakonda
Dhone
Bannikoppa
Gangawati
Kampli
Mudatanuru
Alūr
Pattikonda
Koppal
Talakalla
Hampi
Singadavanahalli
Gonahālu
Molagavalli
Amarāvati
Pattabhirama Temple
Beldona
Maddikera
Jonnagiri
Pyāpalle
Tungabhadra Res.
HOSPET
Hampasaganam
Ramgad
Kudatini
BELLARY
Guntakal
Gadekallu
Gooty
Yadiki
Chilakanahatti
Bandri
Sandur
Obalapuram
Kanur
Vidapanakallu
Rāvuludiki
Pāmidi
Hadagalli
Swamihalli
Rāmpura
Palturu
Ganigera
Uravakonda
Hirehadagalli
Itiki
Gudekota
Muridi
Kanekallu
Garladinne
Kottūru
Harpanahalli
Molakalmuru
Rāyadrug
Beluguppa
Kūderu
Singanamala
Atmakuru
ANANTAPUR
Teliki
Hosahalli
Hagari
Golla
Harihar
Bilchod
Jagalūr
Chinna Hagari
Kalyandrug
Nūtimadugu
Nāyakanhatti
DĀVANGERE
Raddihalli
Turuvanūr
Challakere
Settūru
Penner
Dharmavaram
Malebennur
Kundurpi
Rāmagiri
Chennekottapalle
Plateau
Andhra
Pradesh
148

MARCO POLO
Unser Urlaub
Web • Apps • eBooks
Die smarte Art zu reisen
Jetzt informieren unter:
www.marcopolo.de/digital
Individuelle Reiseplanung,
interaktive Karten, Insider-Tipps.
Immer, überall, aktuell.

HUBLI
GADAG
D
E
F
144
Talakalla
Banni-koppa
Koppal
Molen
Supa
1053
Haliyāl
Sāmbrāni
Dandeli
Kalghatgi
Kundagol
Shirhatti
Mundargi
Tungabhadra Res.
Hampasaganam
Chilakanahatti
Baghwan Mahavir N.P.
Deuli
Kegdal
Bhāgvati
Bammigatti
Tadas
Gudgeri
Lakshmeshwar
Belhatti
1
Jagvir
Anshi
Kirvatti
Bedti
Hadagalli
Gotgali
Yellāpur
Mundgod
304
Savanūr
Hireha-dagalli
Itiki
Karwar
Idgudi
Bankapur
Bāre
799
Katur
Hāngal
Haveri
Bābambid
Basapūr
Kottūru
Harpanahalli
Arbail
4
Karnataka
Aversa
Ankola
Shirkop
Byadgi
Kunchuru
Hulekal
Sirsi
Havasbhavi
762
Teliki
Jagalūr
835
9
Shivgaon
Anavatti
Rānībennur
Harihar
Bilchod
Gokarn
17
Manjguni
Tyāgli
Mirjān
848
Hirekerūr
DĀVANGERE
382
Kumta
Santeguli
Tuminkatti
Bilgi
Siddā-pur
Sirālkoppa
Malebennur
2
Navilgon
Honāvar
Mallā-vur
Dodmane
Sorab
Shikārpur
Suntikoppa
Gersoppa
Talguppa
Thyāvanagi
Jogg Falls
Kargal
Sāgar
1031
Honnali
Manki
Linganamakki Reservoir
Mavalli
Anantapur
Nyāmati
Chikjajur
Hodigere
Arasālu
Ayanūr
Channagiri
Bhatkal
Holalkere
Shimoga
1014
Hebburli
Kallūr
Bhadrāvati
Rangāpur
Shirūru
Hosanagara
Hosdurga
Humacha
1343
Nagar
Kaggi
Niragunda
Guddekoppa
Jadkal
Tarikere
Kanda-dankere
Nāvunda
Ajjampur
Yagati
Gangoli
Hosangadi
Tungabhadra
Bhadra Reservoir
Tirthahalli
Narasim-harajapura
Birūr
Kadūr
3
Coondapoor
Tekkatte
Agumbe
Santaveri
Kanakatte
Hardali
Koppa
Muthinapura
Bānāvar
Tonse
Sringeri
1923
1274
Hebri
Arsikeri
Bālehonnūr
Chikmagalūr
Biranahalli
Herūr
Sollebail
Marundi
Udupi
1659
Joladahalu
Halebīdu
Kalyādi
Kārkal
Tiruganna
Belūr
Mūlūr
Belmanna
Miyyār
Kalasa
Padubidri
1892
Balūr
Mūlki
Puttige
Mūdbidri
Mudigere
Bellutte
Chāgachagere
Suratkal
Hosahalli
Hassan
Yekkaru
Yenūr
Beltangadi
Ankihalli
Dharmastala
48
Parambul
Alūr
Bantvāl
Golitattu
Hatyadka
Sakleshpur
4
MANGALURU
347
Hole Narsipūr
Kanyana
Shirādi
Arkalgūd
Ullal
Puttur
Kadaba
Subrahmanya
Saniwār-santhe
Nidpalli
Ariyadka
1713
Konanūr
Kumbla
Sulya
Som-warpet
Torenur
Sāligrāma
Kasargod
Kushālnagar
Kallar
Bettadpur
Hosdrug
Madikeri
Malottu
Kaveri
Piriyāpatna
Hunsūr
Nileshwar
Pulingom
Hebbale
1745
Tavitisseri
Vira-rājendrapet
Gonikoppla
5
12
Payyannūr
Payangati
Tali-paramba
Sirkantapuram
Iritti
Nagarhole N.P.
Māttūl
1538
Chirakkal
Odbūr
Alikkod
Periya
KANNUR (CANNANORE)
Kanna-vam
Mananthavadi
Thalassery
Nada-puram
Koroth
Ganapathivattam
Mahe
Puducherry
Kalpetta
Vadakara
Valiyannur
Meppadi
Quilandi
Balusseri
Nelli-yalam
2339
6
Elattūr
399
Nilambūr
KOZHIKODE (CALICUT)
Ferokh
Kadalundi
Wandūr
Kavaratti
Tirūrangani
Malappuram
Manjeri
Western Ghats
Sahyadri
Malabar Coast
50 km

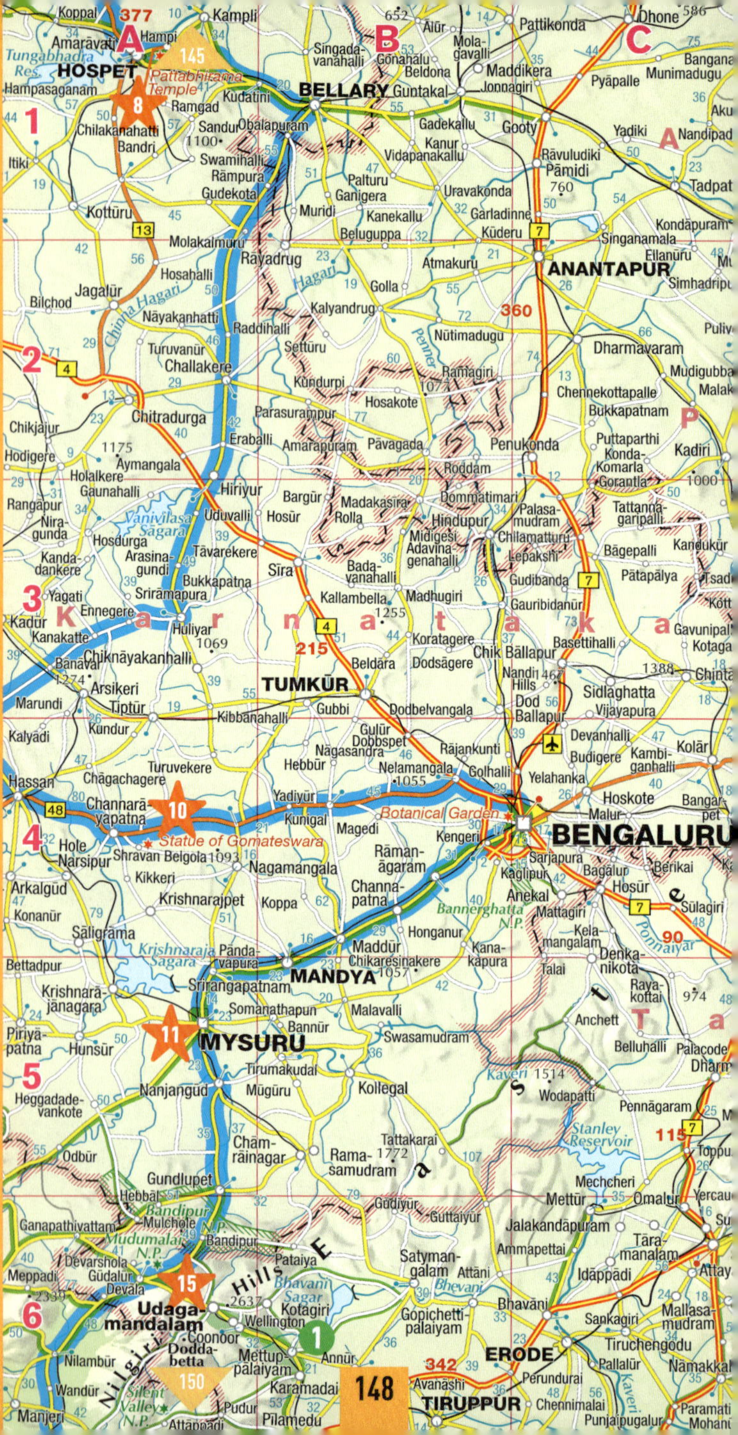
Koppal
Amarāvati
Hampi
Kampli
Tungabhadra Res.
HOSPET
Hampasaganam
Pattabhirama Temple
Kudatini
Ramgad
BELLARY
Guntakal
Sandur
Obalapuram
Chilakanahatti
Bandri
Swamihalli
Rāmpura
Gudekota
Itiki
Kottūru
Molakalmuru
Rayadrug
Hosahalli
Jagalūr
Bilchod
Chinna Hagari
Nāyakanhatti
Raddihalli
Turuvanūr
Challakere
Chitradurga
Chikjajur
Hodigere
Aymangala
Holalkere
Gaunahalli
Rangapur
Niragunda
Vanivilasa Sagara
Hosdurga
Uduvalli
Hiriyur
Eraballi
Arasinagundi
Kandadankere
Tāvarekere
Bukkapatna
Srirāmapura
Yagati
Kadūr
Ennegere
Kanakatte
Huliyar
Banavar
Chiknāyakanhalli
Arsikeri
Marundi
Tiptūr
Kundur
Kalyadi
Kibbanahalli
Turuvekere
Chāgachagere
Hassan
Channarāyapatna
Statue of Gomateswara
Hole Narsipur
Shravan Belgola
Kikkeri
Arkalgūd
Konanūr
Krishnarajpet
Sāligrāma
Bettadpur
Krishnaraja Sagara
Krishnarājanagara
Piriyāpatna
Hunsūr
Heggadadevankote
Nanjangūd
Odbūr
Gundlupet
Hebbāl
Bandipur N.P.
Mulchole
Ganapathivattam
Mudumalai N.P.
Devarshola
Gūdalur
Meppadi
Devāla
Udagamandalam
Coonoor
Doddabetta
Nilgiri Hills
Nilambūr
Wandūr
Silent Valley N.P.
Manjeri
Attappadi
Pudur
Singadavanahalli
Gonahalu
Alūr
Molagavalli
Beldona
Maddikera
Pattikonda
Jonnagiri
Dhone
Pyāpalle
Banganapalle
Munimadugu
Gadekallu
Gooty
Kanur
Vidapanakallu
Palturu
Ganigera
Muridi
Kanekallu
Beluguppa
Uravakonda
Garladinne
Kūderu
Rāvuludiki
Pāmidi
Yadiki
Nandipad
Tadpatri
Kondāpuram
Singanamala
Ellanūru
ANANTAPUR
Simhadripuram
Atmakuru
Hagari
Golla
Kalyandrug
Nūtimadugu
Settūru
Penner
Dharmavaram
Pulivendla
Mudigubba
Kundurpi
Ramagiri
Hosakote
Chennekottapalle
Bukkapatnam
Parasurampur
Amarapuram
Pāvagada
Penukonda
Puttaparthi
Kadiri
Kondakomarla
Gorantla
Roddam
Dommatimari
Bargūr
Hosūr
Madakasira
Rolla
Hindupur
Palasamudram
Tattannagaripalli
Midigesi
Adavinagenahalli
Chilamatturu
Lepakshi
Bāgepalli
Kandukūr
Badavanahalli
Sīra
Gudibanda
Pātapālya
Tsadi
Kallambella
Madhugiri
Gauribidanūr
Karnātaka
Koratagere
Chik Ballapur
Basettihalli
Gavunipalli
Kotaga
TUMKŪR
Beldara
Dodsāgere
Nandi Hills
Sidlaghatta
Chintamani
Dod Ballapur
Vijayapura
Gubbi
Dodbelvangala
Gulūr
Dobbspet
Devanhalli
Kolār
Nāgasandra
Rājankunti
Budigere
Kambiganhalli
Hebbūr
Nelamangala
Golhalli
Yelahanka
Hoskote
Bangarpet
Yadiyūr
Kunigal
Magedi
Botanical Garden
Kengeri
Malur
BENGALURU
Nagamangala
Rāmanāgaram
Sarjapura
Bagalūr
Berikai
Kaglipur
Hosūr
Sūlagiri
Koppa
Channapatna
Anekal
Bannerghatta N.P.
Mattagiri
Ponnaiyar
Honganur
Kelamangalam
Pāndavapura
Maddūr
Kanakapura
Denkanikota
MANDYA
Chikaresinakere
Talai
Srirangapatnam
Rayakottai
Somanathapur
Malavalli
Anchett
Bannūr
Swasamudram
Belluhalli
Palacode
Dharmapuri
MYSURU
Tamil Nadu
Tirumakudal
Mūgūru
Kollegal
Kaveri
Wodapatti
Pennāgaram
Stanley Reservoir
Chāmrāinagar
Tattakarai
Ramasamudram
Toppur
Mechcheri
Mettūr
Omalur
Yercaud
Gudiyūr
Guttaiyūr
Jalakandāpuram
Ammapettai
Tāramanalam
Attayampatti
Pataiya
Satyamangalam
Attāni
Bhevani
Bhavani Sagar
Idappādi
Kotagiri
Wellington
Bhavāni
Sankagiri
Mallasamudram
Gopichettipalaiyam
Tiruchengodu
Mettupalaiyam
Annūr
ERODE
Pallalūr
Nāmakkal
Karamadai
Avanāshi
Perundurai
TIRUPPUR
Chennimalai
Pilamedu
Punjaipugalur
Paramati
Mohanur

D
E
F
1
2
3
4
5
6
Gazulapalle
Giddalur
Vedullacheruvu
Kanigiri
Ravulakotta
Itamukkala
Talicherla
Pedda
Tangutūru
Alavalapadu
Rudravaram
Pedda Ahobilam
917
842
Allinagaram
Chandrasekbarapuram
Kandukūr
Singarāyakonda
Allagudda
Pamuru
Mopādu
Rāmāypatnam
Porumamilla
Sitārāmpuram
Kommi
Kāvali
Chāgalamarri
Udayagiri
1036
Jammalamadugu
Mudireddipalle
Duttalūru
PRODDATŪR
Badvel
Nandipadu
Bitragunta
Isākapalli
Maidukuru
Virapalle
Atmakur
Kāmalāpuram
Penneru
KADAPA
Kuluvāya
NELLORE
Kovūr
Yappirāla
Amancherla
Maipādu
Jamālupalle
Vontimitta
1105
Podalakur
Venkatachelam
Penubarti
Konapeta
Nandalūr
Muttukūru
Rajampet
Chitvel
Rapur
Gūdūr
Virapalle
Rayachoti
Srirangarajupuram
Orampadu
Vallipedu
Venkatagiri
Durgarajupatnam
Tsundupalle
Kodūr
Galivedu
Nāyudupeta
Nalagāmula
Kalicherla
Mahal
Ellamanda
Sri Kālahasti
Pileru
Tirumala
1152
Erpedu
Sūlūru
Beripeta
TIRUPATI
Chinnagottigallu
Renigunta
Pulicat Lake
Vāyalpād
Chandragiri
1040
Varadayyapalaiyam
Madanapalle
Pākāla
Puttur
Satyavedu
Gummidipundi
Therunattam
Pulicat
Chaudepalle
Nagalapurawi
Punganuru
1060
Rayalapeta
Nagari
Arni
Ponneri
Rāmasamudram
581
Attimanjeri
Guindy N. P.
Tiruvattiyur
178
Palmaner
Tiruvalūr
Mari
CHENNAI
(Madras)
CHITTOOR
Arakkonam
Avadi
Port Blair
Narasingarayanpet
Sholinghur
Venkatagirikota
Gudiyāttam
Ranipettai
Poonamallee
Kumattur
Takkolam
Wālājāpet
Sriparumbudur
Tāmbaram
Pernambut
Arcot
156
Fields
714
Pallikondai
VELLORE
KĀNCHIPURAM
Kadavālam
Ambūr
Pālar
Kelambakkam
177
Vāniyambādi
Vallam
Kalavai
Ārani
Chengalpattu
Tirupporur
Alangayam
Tiruvettipuram
Mahabalipuram
Jolārpettai
Aliyābād
Uttaramerūr
Tirukkalukkunram
Sadras
Tiruppattūr
Polūr
Madurāntakam
Kadaladi
Vandavāsi
149
Kūvattur
Chetput
Tellar
Cheyūr
Chengam
1175
Pāchchal
Avalurpet
Tindivanam
Uttangarai
Tiruvannāmalai
Gingee
Chūnāmpettai
Merkānam
Morappur
Tanipaddi
545
Muttatur
319
Kaliveli
Kiliyanūr
Harur
Vettavalam
Auroville
Ozhukarai
Kottappatti
Ponnaiyar
Villupuram
Tirukkoyilūr
PUDUCHERRY
Valavanūr
Puducherry
Alagapuram
Kattu Idaiyar
Kallakkurichchi
Panruti
CUDDALORE
Nellikkuppam
1298
Pedaā
Chinna Salem
Asanūr
Kiranur
Attūr
Neyveli
Kurinjippādi
Malliyakarai
Talaivasal
Veppur
Parangippettai
Viraganur
Vriddhāchalam
Bhuvanagiri
Pennādam
Settiya
1018
Srimushnam
Chidambaram
Ranjangudi
Tittagudi
50 km
Sendurai
Mannārgudi
Kollidam
Perambalūr
Kalattur
Jayamkondacholapuram
Sirkazhi
Tirumullaivāsal
Thuraiyur
Moruppatti
Padalur
Ariyalur
Vaithisvarankoil
Mayiladuturai

151

A
B
C
1
2
3
4
5
6
148
Madikeri
Kaveri
Krishnarājanagara
Somanathapur
Malavalli
Anchet
Piriyāpatna
Hebbale
MYSURU
Bannūr
Swasamudram
Virajendrapet
Gonikoppla
Heggadadevankote
Nanjangūd
Tirumakudal
Mūgūru
Kollegal
Wodapatti
Nagarhole N. P.
Karnataka
Chāmrājnagar
Rama-samudram
Tattakarai
Stanley Reserv.
Odbūr
Periya
Mananthavadi
Gundlupet
Hebbāl
Bandipur N.P.
Mulehole
Bandipur
Gūdiyur
Guttaiyūr
Koroth
Ganapathivattam
Mudumalai N. P.
Jalakandāpuram
Ammapettai
Valiyannur
Kalpetta
Devarshola
Pataiya
Satyamangalam
Attāni
Meppadi
Gūdalūr
Hills
Bhavani Sagar
Bhevani
Idapp
Balusseri
Nellivalam
Devala
Udagamandalam
Kotagiri
Wellington
Gopichettipalaiyam
Bhavāni
KOZHIKODE (CALICUT)
Nilgiri
Coonoor
Doddabetta
Mettuppālaiyam
Annūr
Avanāshi
ERODE
Perundurai
Nilambūr
Ferokh
Kadalundi
Wandūr
Silent Valley N.P.
Pudur
Karamadai
TIRUPPUR
Chennimalai
Tirurangani
Manjeri
Mannaarkkaad
Attāppadi
Kuniamuthur
Pīlamedu
Sūlur
Punja
Tanūr
Malappuram
Perintalmanna
Alanallur
COIMBATORE
Palladam
Kangayam
Kodu
Trikkandiyur
Pattambi
PALAKKAD
Vellalūr
Madukkarai
Kāmanayakkanpalaiyam
Vellakkovil
Ponnāni
Shoranūr
Ottappālam
POLLĀCHI
Dhārapuram
Mulanur
Pazanji
Alāttur
Chittūr
Guruvayur
Chāvakkād
Vadakkancheri
Anāimalai
Udumalaippettai
Gudimangalam
Pudu Chattram
TRISSUR (TRICHUR)
Nemmara
Kōttūr
Kodakara
Kuriārkutti
VALPARAI
Tamil
Palani
Tettuppatti
Irinjālakuda
Parambikulam
Chinnallappatti
Kizhake Chalakudi
Vembadi Shola
Kodaikkanal
Kodungallur
Angamāli
Perumpavur
Anai Mudi
Eravikulam Nat. P.
Pūlattūr
Sembatti
Vattaikund
Kavaratti
Parur
Aluva
Kotamangalam
Munnar
Devikūlam
Periyakulam
Nilakko
Edappalli
Usilam
ERNAKULAM
KOCHI (COCHIN)
Mūvattupula
Bodināyakkanur
Allinagaram
Toaupulai
Tevāram
Elumalai
Piravam
Uttamapālaiyam
Kambam
Vaikam
Kazhakola
Pālai
Peraiyur
Shertallai
Idukki Res.
Gudalūr
Wātrap
Kanjikuzhi
Vembanad Lake
Ettumanur
Mundakayam
Pirmed
Thekkadi
Randaikkulam
Srivilliputtur
Virudunagar
Kottayam
Kanjirapalli
ALAPPUZHA (ALLEPPEY)
Channgannassery
Periyar Lake
Māraneri
Sivakāsi
Tiruvalla
Ambalampulai
Rājapālaiyam
Sattur
Chengannūr
Karivalamvandanallūr
Tiruvengadam
Kakki Res.
Haripad
Māvelikara
Sankarankovil
Kāyankulam
Puliyangudi
Adūr
Pattanapuram
Kadaiyanallūr
Kalugumalai
Kattarakara
Shencotta
Tenkāsi
Kilikkollūr
Punalūr
Kundara
Kolattupuzha
KOLLAM (QUILON)
Ayur
Mānūr
Adichanallūr
Ambāsamudram
Paravoor
TIRUNELV
Varkala
Attingal
Vikramasingapuram
Anchuthengu
Ponmudi
Pattamada
Kadinamkulam
Nedumangad
Agastya Malai
Kallidaikurichchi
Srivaikun
Attipāra
Neyyar Dam
Pulam
Nazare
THIRUVANANTHAPURAM (TRIVANDRUM)
Bālarāmpuram
Muthukulivayal
Kovillur
Eruvādi
Nānguneri
Sāttānkul
Nemam
Vilinjam
Kovalam
Neyyattinkara
Panakudi
Padmanābhapuram
Alagiapandipuram
Kolachel
NĀGERCOIL
Vijayāp
Kanniyākumāri
Cape Comorin
Malabar Coast
Cardamom Hills
50 km

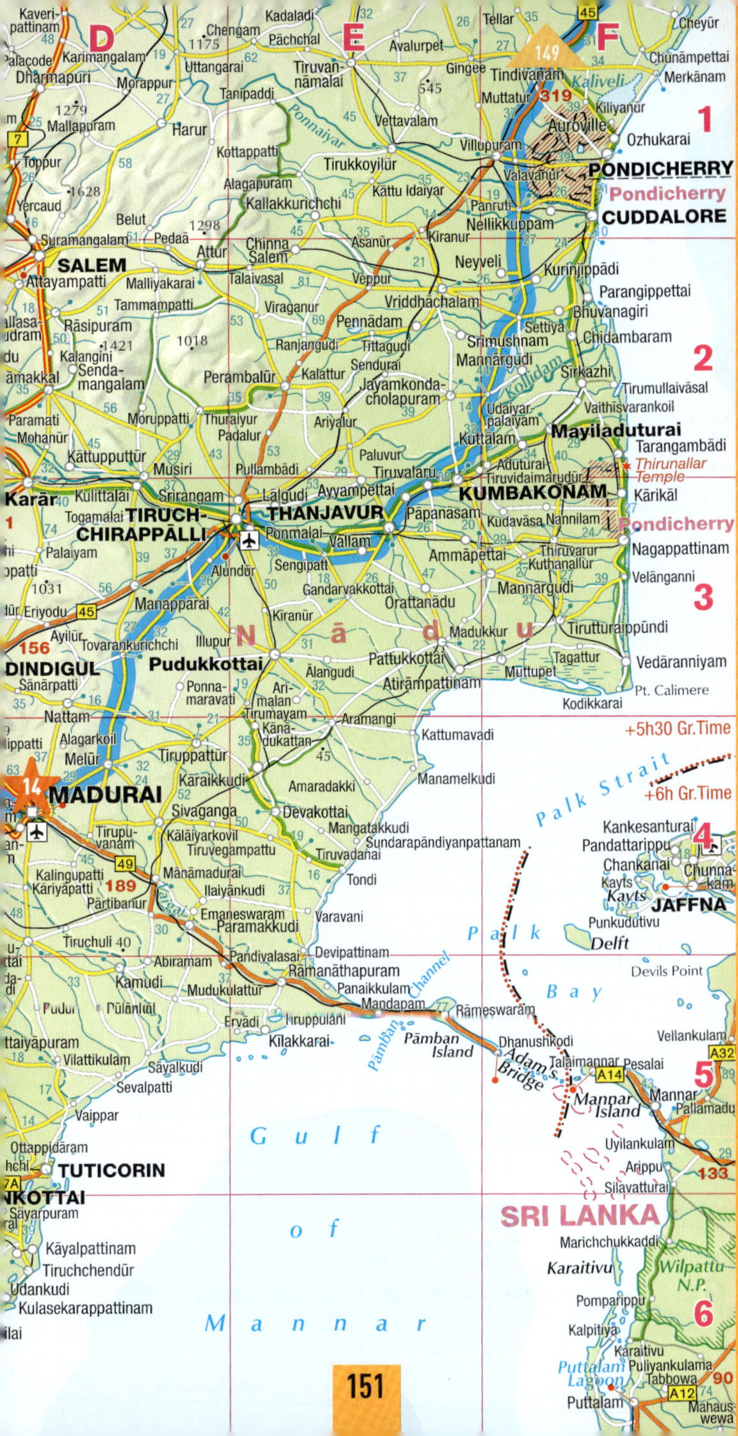
D
E
F
149
1
2
3
4
5
6
Kaveri-pattinam
Palacode
Dharmapuri
Karimangalam
Morappur
Chengam
Uttangarai
Tanipaddi
Harur
Mallapuram
Toppur
Yercaud
Kadaladi
Pāchchal
Tiruvan-nāmalai
Avalurpet
Gingee
Tellar
Tindivanam
Muttatur
Cheyūr
Chunāmpettai
Merkānam
Kaliveli
Kiliyanūr
Auroville
Ozhukarai
Vettavalam
Ponnaiyar
Kottappatti
Tirukkoyilūr
Villupuram
Valavanūr
PONDICHERRY
Pondicherry
CUDDALORE
Kāttu Idaiyar
Panruti
Nellikkuppam
Alagapuram
Kallakkurichchi
Belut
Suramangalam
Pedaā
Āttur
Chinna Salem
Asanūr
Kiranur
Neyveli
SALEM
Attayampatti
Malliyakarai
Talaivasal
Veppur
Kurinjippādi
Parangippettai
Vriddhāchalam
Bhuvanagiri
Tammampatti
Viraganur
Pennādam
Settiya
Chidambaram
Rāsipuram
Ranjangudi
Tittagudi
Srimushnam
Mannārgudi
Kollidam
Kalangini
Senda-mangalam
Perambalūr
Kalattur
Sendurai
Jayamkonda-cholapuram
Sīrkazhi
Tirumullaivāsal
Vaithīsvarankoil
Namakkal
Paramati
Mohanūr
Moruppatti
Thuraiyur
Padalur
Ariyalūr
Udaiyar-palaiyam
Mayiladuturai
Tarangambādi
Kāttupputtūr
Musiri
Pullambādi
Paluvur
Kuttālam
Tiruvalaru
Aduturai
Tiruvidaimarudūr
Thirunallar Temple
Karūr
Kulittalai
Srirangam
Lālgudi
Ayyampettai
KUMBAKONAM
Kārikāl
Togamalai
TIRUCH-CHIRAPPĀLLI
THANJAVUR
Pāpanāsam
Kudavāsal
Nannilam
Pondicherry
Ponmalai
Vallam
Nagappattinam
Palaiyam
Alundūr
Sengipatti
Ammāpettai
Thiruvarur
Kuthanallur
Velānganni
Gandarvakkottai
Orattanādu
Mannargudi
Eriyodu
Manappārai
Kiranūr
Tirutturaippūndi
Ayilūr
Tovarankurichchi
Illupur
N
ā
d
u
Madukkur
156
DINDIGUL
Pudukkottai
Pattukkottai
Tagattur
Vedāranniyam
Sānārpatti
Ālangudi
Muttupet
Ponna-maravati
Ari-malan
Atirāmpattinam
Pt. Calimere
Kodikkarai
Nattam
Tirumayam
Kānā-dukattan
Aramangi
+5h30 Gr.Time
Kattumavadi
Alagarkoil
Melūr
Tiruppattūr
Kāraikkudi
Amaradakki
Manamelkudi
MADURAI
Sivaganga
Devakottai
Palk Strait
+6h Gr.Time
Mangatakkudi
Sundarapāndiyanpattanam
Kankesanturai
Pandattarippu
Chankanai
Kayts
Chunnakam
JAFFNA
Tirupu-vanam
Kālaiyarkovil
Tiruvegampattu
Tiruvadanai
Tondi
Kalingupatti
Kāriyapatti
189
Mānāmadurai
Ilaiyānkudi
Partibanur
Vaigai
Emaneswaram
Paramakkudi
Varavani
Palk
Punkudutivu
Delft
Tiruchuli
Abiramam
Pandivalasai
Devipattinam
Rāmanāthapuram
Devils Point
Kamudi
Mudukulattūr
Panaikkulam
Channel
Bay
Pudur
Pūlānkal
Mandapam
Rāmeswaram
Ervādi
Tiruppulāni
Kīlakkarai
Pāmban
Pāmban Island
Dhanushkodi
Vellankulam
Ettaiyāpuram
Vilattikulam
Sāyalkudi
Adam's Bridge
Talaimannar
Pesalai
Mannar Island
Mannar
Pallamadu
Sevalpatti
Vaippar
Gulf
Uyilankulam
Ottappidāram
TUTICORIN
Arippu
133
Silavatturai
PALAYANKOTTAI
Sāyarpuram
of
SRI LANKA
Kāyalpattinam
Marichchukkaddi
Tiruchchendūr
Karaitivu
Wilpattu N.P.
Udankudi
Kulasekarappattinam
Pomparippu
Manapadu
Mannar
Kalpitiya
Karaitivu
Puttalam Lagoon
Puliyankulama
Tabbowa
90
Puttalam
Mahaus-wewa

KARTENLEGENDE

Autobahn, mehrspurige Straße - in Bau Highway, multilane divided road - under construction		Autoroute, route à plusieurs voies - en construction Autosnelweg, weg met meer rijstroken - in aanleg
Fernverkehrsstraße - in Bau Trunk road - under construction		Route à grande circulation - en construction Weg voor interlokaal verkeer - in aanleg
Hauptstraße Principal highway		Route principale Hoofdweg
Nebenstraße Secondary road		Route secondaire Overige verharde wegen
Fahrweg, Piste Practicable road, track		Chemin carrossable, piste Weg, piste
Straßennummerierung Road numbering	E20 11 70 26 5 40 9	Numérotage des routes Wegnummering
Entfernungen in Kilometer Distances in kilometers	259 130 129	Distances en kilomètres Afstand in kilometers
Höhe in Meter - Pass Height in meters - Pass	1365	Altitude en mètres - Col Hoogte in meters - Pas
Eisenbahn - Eisenbahnfähre Railway - Railway ferry		Chemin de fer - Ferry-boat Spoorweg - Spoorpont
Autofähre - Schifffahrtslinie Car ferry - Shipping route		Bac autos - Ligne maritime Autoveer - Scheepvaartlijn
Wichtiger internationaler Flughafen - Flughafen Major international airport - Airport		Aéroport importante international - Aéroport Belangrijke internationale luchthaven - Luchthaven
Internationale Grenze - Provinzgrenze International boundary - Province boundary		Frontière internationale - Limite de Province Internationale grens - Provinciale grens
Unbestimmte Grenze Undefined boundary		Frontière d'Etat non définie Rijksgrens onbepaalt
Zeitzonengrenze Time zone boundary	-4h Greenwich Time -3h Greenwich Time	Limite de fuseau horaire Tijdzone-grens
Hauptstadt eines souveränen Staates National capital	MANILA	Capitale nationale Hoofdstad van een souvereine staat
Hauptstadt eines Bundesstaates Federal capital	Kuching	Capitale d'un état fédéral Hoofdstad van een deelstat
Sperrgebiet Restricted area		Zone interdite Verboden gebied
Nationalpark National park		Parc national Nationaal park
Antikes Baudenkmal Ancient monument		Monument antiques Antiek monument
Sehenswertes Kulturdenkmal Interesting cultural monument	Angkor Wat	Monument culturel interéssant Bezienswaardig cultuurmonument
Sehenswertes Naturdenkmal Interesting natural monument	Ha Long Bay	Monument naturel interéssant Bezienswaardig natuurmonument
Brunnen Well		Puits Bron
Ausflüge & Touren Trips & Tours		Excursions & tours Uitstapjes & tours
Perfekte Route Perfect route		Itinéraire idéal Perfecte route
MARCO POLO Highlight	1	MARCO POLO Highlight

ALLE **MARCO POLO** REISEFÜHRER

DEUTSCHLAND

Allgäu
Bayerischer Wald
Berlin
Bodensee
Chiemgau/ Berchtesgadener Land
Dresden/ Sächsische Schweiz
Düsseldorf
Eifel
Erzgebirge/ Vogtland
Föhr/Amrum
Franken
Frankfurt
Hamburg
Harz
Heidelberg
Köln
Lausitz/ Spreewald/ Zittauer Gebirge
Leipzig
Lüneburger Heide/ Wendland
Mecklenburgische Seenplatte
Mosel
München
Nordseeküste Schleswig-Holstein
Oberbayern
Ostfriesische Inseln
Ostfriesland/ Nordseeküste Niedersachsen/ Helgoland
Ostseeküste Mecklenburg-Vorpommern
Ostseeküste Schleswig-Holstein
Pfalz
Potsdam
Rheingau/ Wiesbaden
Rügen/Hiddensee/ Stralsund
Ruhrgebiet
Sauerland
Schwarzwald
Stuttgart
Sylt
Thüringen
Usedom
Weimar

ÖSTERREICH SCHWEIZ

Berner Oberland/ Bern
Kärnten
Österreich
Salzburger Land
Schweiz
Steiermark
Tessin
Tirol
Wien
Zürich

FRANKREICH

Bretagne
Burgund
Côte d'Azur/ Monaco
Elsass
Frankreich
Französische Atlantikküste
Korsika
Languedoc-Roussillon
Loire-Tal
Nizza/Antibes/ Cannes/Monaco
Normandie
Paris
Provence

ITALIEN MALTA

Apulien
Dolomiten
Elba/Toskanischer Archipel
Emilia-Romagna
Florenz
Gardasee
Golf von Neapel
Ischia
Italien
Italienische Adria
Italien Nord
Italien Süd
Kalabrien
Ligurien/Cinque Terre
Mailand/ Lombardei
Malta/Gozo
Oberital. Seen
Piemont/Turin
Rom
Sardinien
Sizilien/Liparische Inseln
Südtirol
Toskana
Umbrien
Venedig
Venetien/Friaul

SPANIEN PORTUGAL

Algarve
Andalusien
Barcelona
Baskenland/ Bilbao
Costa Blanca
Costa Brava
Costa del Sol/ Granada
Fuerteventura
Gran Canaria
Ibiza/Formentera
Jakobsweg/ Spanien
La Gomera/ El Hierro
Lanzarote
La Palma
Lissabon
Madeira
Madrid
Mallorca
Menorca
Portugal
Spanien
Teneriffa

NORDEUROPA

Bornholm
Dänemark
Finnland
Island
Kopenhagen
Norwegen
Oslo
Schweden
Stockholm
Südschweden

WESTEUROPA BENELUX

Amsterdam
Brüssel
Cornwall und Südengland
Dublin
Edinburgh
England
Flandern
Irland
Kanalinseln
London
Luxemburg
Niederlande
Niederländische Küste
Schottland

OSTEUROPA

Baltikum
Budapest
Danzig
Krakau
Masurische Seen
Moskau
Plattensee
Polen
Polnische Ostseeküste/ Danzig
Prag
Slowakei
St. Petersburg
Tallinn
Tschechien
Ukraine
Ungarn
Warschau

SÜDOSTEUROPA

Bulgarien
Bulgarische Schwarzmeerküste
Kroatische Küste/ Dalmatien
Kroatische Küste/ Istrien/Kvarner
Montenegro
Rumänien
Slowenien

GRIECHENLAND TÜRKEI ZYPERN

Athen
Chalkidiki/ Thessaloniki
Griechenland Festland
Griechische Inseln/ Ägäis
Istanbul
Korfu
Kos
Kreta
Peloponnes
Rhodos
Samos
Santorin
Türkei
Türkische Südküste
Türkische Westküste
Zákinthos/Itháki/ Kefalloniá/Léfkas
Zypern

NORDAMERIKA

Alaska
Chicago und die Großen Seen
Florida
Hawai'i
Kalifornien
Kanada
Kanada Ost
Kanada West
Las Vegas
Los Angeles
New York
San Francisco
USA
USA Ost
USA Südstaaten/ New Orleans
USA Südwest
USA West
Washington D.C.

MITTEL- UND SÜDAMERIKA

Argentinien
Brasilien
Chile
Costa Rica
Dominikanische Republik
Jamaika
Karibik/ Große Antillen
Karibik/ Kleine Antillen
Kuba
Mexiko
Peru/Bolivien
Venezuela
Yucatán

AFRIKA UND VORDERER ORIENT

Ägypten
Djerba/ Südtunesien
Dubai
Israel
Jordanien
Kapstadt/ Wine Lands/ Garden Route
Kapverdische Inseln
Kenia
Marokko
Namibia
Rotes Meer/Sinai
Südafrika
Tansania/ Sansibar
Tunesien
Vereinigte Arabische Emirate

ASIEN

Bali/Lombok/Gilis
Bangkok
China
Hongkong/Macau
Indien
Indien/Der Süden
Japan
Kambodscha
Ko Samui/ Ko Phangan
Krabi/Ko Phi Phi/ Ko Lanta
Malaysia
Nepal
Peking
Philippinen
Phuket
Shanghai
Singapur
Sri Lanka
Thailand
Tokio
Vietnam

INDISCHER OZEAN UND PAZIFIK

Australien
Malediven
Mauritius
Neuseeland
Seychellen

REGISTER

In diesem Register sind alle im Reiseführer erwähnten Orte, Ausflugsziele und Strände sowie wichtige Sachbegriffe und Personen verzeichnet. Gefettete Seitenzahlen verweisen auf den Haupteintrag.

SCHREIBEN SIE UNS!

SMS-Hotline: 0163 6 39 50 20

E-Mail: info@marcopolo.de

Egal, was Ihnen Tolles im Urlaub begegnet oder Ihnen auf der Seele brennt, lassen Sie es uns wissen! Ob Lob, Kritik oder Ihr ganz persönlicher Tipp – die MARCO POLO Redaktion freut sich auf Ihre Infos.

Wir setzen alles dran, Ihnen möglichst aktuelle Informationen mit auf die Reise zu geben. Dennoch schleichen sich manchmal Fehler ein – trotz gründlicher Recherche unserer Autoren/innen. Sie haben sicherlich Verständnis, dass der Verlag dafür keine Haftung übernehmen kann. Kontaktieren Sie uns per SMS, E-Mail oder Post!

MARCO POLO Redaktion
MAIRDUMONT
Postfach 31 51
73751 Ostfildern

IMPRESSUM
Titelbild: Kerala, Hausboot, Getty Images: Photononstop (Cheuva)
Fotos: Gallery Sumukha: Premilla Baid (16 u.); D. Gehm (1 u., 15, 20, 112); Huber: Limmatdruck (26 l.), Ripani (10/11, 67, 130 u.), Schmid (Klappe l., 2 M. u., 32/33, 34, 37, 38, 43); Ishu Datwani: Farrokh Chothia (17 u.); Junkyard Groove (16 o.); O. Krüger (Klappe r., 3 o., 3 M., 3 u., 8, 9, 22, 29, 40, 44, 44/45, 45, 51, 52, 55, 57, 60, 62, 69, 72, 73, 74/75, 76, 86, 89, 90, 93, 94/95, 100/101, 103, 105, 107, 109, 110, 114/115, 116, 117, 124, 126, 126/127, 127, 130 o., 131); Laif: hemis.fr (96), Huber (28/29, 59, 72/73, 82, 85), Jonkmanns (120/121), Lewis (2 M. o., 7, 81); K. Maeritz (12/13, 18/19, 28, 78, 99, 124/125, 125, 142/143); mauritius images: Alamy (2 o., 2 u., 4, 5, 6, 24/25, 26 r., 30 l., 30 r., 46/47), CuboImages (118), ib (Krüger) (27, 71), ib (Tack) (65); Sujay Shastry (16 M.); S. Verma (123); Dr. Vishwanath. S. Luxminarayan (17 o.)

2. Auflage 2013
Komplett überarbeitet und neu gestaltet

Chefredaktion: Michaela Lienemann (Konzept, Chefin vom Dienst), Marion Zorn (Konzept, Textchefin)
Autorin: Dagmar Dehm; Redaktion: Christina Sothmann
Verlagsredaktion: Anita Dahlinger, Ann-Katrin Kutzner, Nikolai Michaelis
Bildredaktion: Gabriele Forst
Im Trend: wunder media, München
Kartografie Reiseatlas: © MAIRDUMONT, Ostfildern; Kartografie Faltkarte: © MAIRDUMONT, Ostfildern
Innengestaltung: milchhof:atelier, Berlin; Titel, S. 1, Titel Faltkarte: factor product münchen
Sprachführer: in Zusammenarbeit mit Ernst Klett Sprachen GmbH, Stuttgart, Redaktion PONS Wörterbücher

Printed in Germany. Gedruckt auf 100% chlorfrei gebleichtem Papier

BLOSS NICHT

Ein paar Dinge, die Sie in Südindien beachten sollten

UNTERSTRÖMUNGEN UNTERSCHÄTZEN

Egal ob Sie Wassersport betreiben oder einfach nur im Meer baden wollen: Erkundigen Sie sich vorher unbedingt, ob und wo es gefährliche Unterströmungen gibt. Am besten, Sie halten sich beim Schwimmen an die als Badezonen ausgewiesenen Strandabschnitte und meiden unbekannte Gewässer.

AGGRESSIVE TÖNE ANSCHLAGEN

Mit absolutem Unverständnis reagiert man in Indien, wenn Ausländer aus Ungeduld oder Wut ihre Stimme erheben und andere laut beschimpfen. Das gilt als Zeichen der Unbeherrschtheit und Unkultiviertheit. Sagen Sie ruhig klar und deutlich, was Ihnen nicht passt, ohne dabei aber aggressiv zu sein.

FÜSSE ZEIGEN

Da die meisten Europäer den Schneidersitz nur unvollkommen beherrschen, strecken Sie nach einer Weile lieber die Beine aus und zeigen dann mit den Fußsohlen auf einen anderen Menschen. Das gilt in Indien jedoch als äußerst unhöflich.

UNPASSENDE KLEIDUNG

FKK ist offiziell verboten, trotzdem legen noch viele Touristinnen ihr Oberteil an Strand und Pool ab. Über neugierige Gaffer müssen sie sich dann nicht wundern. Frauen, die mit Spaghettiträger-Shirt oder kurzen Shorts einen Tempel besuchen, werden entweder nicht zugelassen oder bekommen ein Tuch geliehen, damit sie damit Schultern und/oder Beine bedecken können. Auch Urlauberinnen über 20 Jahren, die Miniröcke tragen, rufen größtes Befremden hervor. Das gilt ebenso für Männer, die ohne Oberhemd in Hotels und Restaurants gehen. Tipp für Frauen: Mit dem *salwar kameez* – langer Bluse über enger Hose – sind Sie immer passend, luftig und originell angezogen.

DIE LINKE HAND BENUTZEN

Sie gilt als unrein. Also benutzen Sie nur die Finger der rechten Hand, wenn Sie so essen wollen wie die Inder, nämlich ohne Besteck. Die linke ruht auf dem Schoß. Auch Geschenke sollten nicht mit der linken Hand überreicht werden.

MIT SCHUHEN HEILIGE STÄTTEN BETRETEN

Nicht nur Tempel, Pagoden und Moscheen dürfen nicht mit Schuhen betreten werden, sondern auch Museen und Privathäuser. Die Aufbewahrung der Schuhe an bestimmten Schaltern kostet meist ein paar Rupien. Wer nicht barfuß laufen möchte, darf Socken tragen.

ZÄRTLICHKEITEN IN DER ÖFFENTLICHKEIT

In Indien ist man prüde. Zwar gehen junge Paare inzwischen in der Öffentlichkeit schon Hand in Hand, Küsse, gar heftiges Geknutsche, sind aber absolut tabu. Es verletzt das Schamgefühl. Auch Urlauber sollten sich daran halten.